Renato Psyk

RECONNECTED

Die Rückverbindung des Menschen zum Wesen der Natur

Band 1

Botschaften der Naturwesen

Autor: Renato Psyk
Umschlaggestaltung: pixelpublic GmbH, Baden-Baden
Titelbild: #55251237 © Iosif Szasz-Fabian / fotolia.com

Verlag und Druck: tredition GmbH
Halenreie 42, 22359 Hamburg

ISBN Taschenbuch: 978-3-347-01594-4
ISBN Hardcover: 978-3-347-01595-1
ISBN e-Book: 978-3-347-01596-8

Bibliografische Information der Deutschen Nationalbibliothek:
Die Deutsche Nationalbibliothek verzeichnet diese
Publikation in der Deutschen Nationalbibliografie; detaillierte
bibliografische Daten sind im Internet über
http://dnb.d-nb.de abrufbar.

Inhaltsverzeichnis

Einleitung

Wir fliegen in einer Luftblase mit einer unvorstellbar hohen Geschwindigkeit durch ein lebensfeindliches Universum, welches zu über 95% aus dunkler Materie und Energie besteht. Unser Gefährt ist die Erde, ein Planet welcher in einem Prozess von Milliarden von Jahren entstanden ist. Dieser Planet besteht aus einer größtenteils weichen rotieren Masse in dessen Mitte sich ein durch hohen Druck zusammengepresster harter Kern befindet. Durch diese Rotation entsteht ein gewaltiges elektromagnetisches Feld um den Planeten, welches Schutz vor kosmischer Strahlung bietet. Die weiche Masse wird durch eine sehr dünne feste Schicht, der Erdkruste, in seiner Form gehalten. Diese Erdkruste ist durchzogen von mehreren Stoffen, unter anderem auch Öle und Gase, welche dafür sorgen, dass die Erde den enormen Gravitationskräften des Weltalls standhält und nicht auseinanderfällt. Durch die Atmosphäre sind alle Lebewesen dieses Planeten vor den lebensfeindlichen und schädlichen Einflüssen des Weltalls geschützt. Die Atmosphäre ist die Grundlage allen Lebens, so wie wir es kennen. Auf der Erde haben sich die verschiedensten Pflanzen, Tiere und andere Lebensformen entwickelt, welche alle miteinander verbunden sind und in einer fein abgestimmten Symbiose miteinander koexistieren. Alle haben eine ganz bestimmte Aufgabe innerhalb dieses Zusammenlebens. Nur durch gemeinsames Zusammenwirken kann Leben auf der Erde existieren. Auf der Erde hat sich jedoch im Laufe der Zeit eine Spezies, welche zur eigenständigen Bewusstseinsentwicklung fähig ist, besonders entwickelt. Diese Spezies ist der Mensch. Der bewusst lebende Mensch hat durch sein Bewusstsein die Fähigkeit selbst einen bewussten Einfluss auf die Ereignisse dieses Planeten Erde zu nehmen. Mit der Bewusstseinsentwicklung des Menschen ging jedoch auch die Entwicklung eines abgespaltenen Teiles von Bewusstsein einher, welches sich eigenständig dem menschlichen Wirken bemächtigt hat. Dieser Teil wirkt durch den Menschen oft unbewusst und scheint ein Eigenleben zu führen, welches lebensfeindliche Züge trägt. Die Auswirkungen sind teilweise beängstigend und für viele Lebewesen deutlich spürbar. Ein Blick hinter die Kulissen zeigt jedoch, dass dieser Teil durch höheres Bewusstsein geformt und gesteuert werden kann. Die Entwicklung zu einem höheren Bewusstsein wird die Menschen in die Lage versetzen das enorme Potential zu nutzen und zum Wohle aller einzusetzen. Dies wird jedoch nur gelingen, wenn die Gesamtheit der derzeit auf diesem Planeten Erde vorhandenen Mineralien, Pflanzen und Tiere sowie andersartige Lebensformen gleichermaßen berücksichtigt werden. Die Wahrung des Gleichgewichtes unter Berücksichtigung der universellen Gesetzmäßigkeiten ist hierbei die Basis. Gelingt dies den Menschen, dann kann der Mensch in eine neue Entwicklungsstufe der Evolution aufsteigen und sich in bisher ungeahnten Dimensionen der Existenz entfalten.

Anmerkung des Autors

Frei und unabhängig über sein Leben bestimmen zu können, ist neben dem bewussten Zugang zu den höheren Ebenen des Seins ein entscheidender Faktor für ein erfülltes und glückliches Leben in Harmonie mit allen Geschöpfen der Natur. Jedoch nur wer die Spielregeln auch kennt, kann hier zielgerichtet agieren. Das vorliegende Buch ist der Start einer Buchreihe, deren Inhalte die Bewusstseinsentwicklung fördern und die dazu beitragen können, den interessierten Menschen das nötige Wissen zu vermitteln, welches den Weg hin zu einem höheren Bewusstsein ermöglicht. Im ersten Band der Buchreihe „Reconnected" sind verschiedene Botschaften von Naturwesen, aufgestiegenen Meistern und anderen Wesenheiten zusammengestellt, durch welche universell wirkendes Wissen vermittelt wird. Es werden Zusammenhänge und Gesetzmäßigkeiten in der Natur erklärt und in Bezug zum Leben der Menschen gesetzt. Einige von den Naturwesen sind schon seit sehr langer Zeit auf diesem Planten präsent und agieren auf unterschiedlichen Ebenen des Seins. Jedes Wesen ist dabei einzigartig und hat seinen ganz bestimmten Platz sowie spezielle Aufgabe im großen Ganzen. Während einige dieser Naturwesen an einen bestimmten Ort oder bspw. an eine bestimmte Pflanze gebunden sind, haben andere wiederum die Aufgabe den Fluss des Lebens im Gleichgewicht zu halten oder die verschiedenartigen Energien zielgerichtet zu transformieren. Alle an diesen

Planeten gebundenen Wesen, wozu auch der Mensch gehört, haben als gemeinsame Lebensgrundlage die Erde und sind ebenso eingebunden in die Abläufe innerhalb unseres Sonnensystems sowie auch innerhalb unserer Galaxie. Die Naturwesen verstehen daher alle Wesenheiten als eine Gemeinschaft und vermitteln in den Botschaften diese globale Sichtweise, in der sich die Gesamtheit des Zusammenwirkens wiederspiegelt. Sie möchten mit den übermittelten Botschaften den Menschen die Möglichkeit geben, Zusammenhänge in der Natur selbst zu erkennen und wollen den Menschen bei der Entwicklung hin zu einem höheren Bewusstsein behilflich sein. Den Naturwesen ist die Übermittlung eines Gesamtbildes aus unterschiedlichen Blickwinkeln sehr wichtig und es geht Ihnen darum verstanden zu werden. Jeder Mensch ist gleichermaßen auch eingeladen die übermittelten Inhalte auf das eigene persönliche Leben zu übertragen, eigene Ideen zu entwickeln und in einer lebensbejahenden Weise im Leben zu integrieren. Nach jedem Kapitel ist daher Platz für eigene Gedanken und persönliche Anmerkungen. So hat jeder die Möglichkeit nach den einzelnen gelesenen Themenbereichen die Inhalte für sich selbst kurz zu reflektieren und eigene Gedanken zeitnah aufzuschreiben. Schon während des Lesens können gute Ideen oder Gedankenimpulse auftauchen. Diese gilt es dann gleich sofort festzuhalten, da solche Impulse einem in vielen Fällen nur für einen sehr kurzen Moment im Bewusstsein präsent bleiben. Hierdurch können die einzelnen Themenbereiche mit persönlichen Gedanken und Ideen verknüpft werden und als Anregungen für die bewusste Umsetzung im eigenen Leben genutzt werden. Um einen Eindruck zu erhalten, wie die einzelnen Botschaften der Naturwesen zustande gekommen sind, möchte ich an dieser Stelle eine Begebenheit, welche stellvertretend für viele andere Erlebnisse steht, erzählen.

An einem schönen Sommertag war ich wieder einmal in der Natur unterwegs. Ich wurde in ein uriges Tal geführt, welches eine sehr ursprüngliche und starke energetische Ausstrahlung hatte. Hier folgte ich einem kleinen Pfad zum Gipfel eines Berges. Noch bevor ich den Gipfel erreichen konnte, erhielt ich ein Zeichen, den Pfad zu verlassen und einen steilen Berghang hinauf zu steigen. Dieser war durchzogen von zahlreichen Gräsern, Büschen und einem kleinen Bachlauf. Der Aufstieg war sehr beschwerlich, da die Gräser und Büsche von zahl-reichen dornenartigen Gestrüpp und anderen Gewäch-sen durchzogen waren. Nach einiger Zeit des Aufstiegs, hielt ich inne, schaute mich um und fragte mich selbst: „Was mache ich hier eigentlich?" Ich stand mitten auf einem mit zahlreichen Gräsern bewachsenen steilen Abhang und hatte einen wunderschönen Blick ins Tal. Es war ein sehr schöner klarer Sommertag und die Nachmittagssonne brande heiß auf die Erde. In diesem Moment erblickte ich eine kleine urig aussehende alte Steingruppe ganz in meiner Nähe. Dort sollte ich hinge-hen und abwarten. Ich folgte meiner Eingebung, ging zu der kleinen Steingruppe und setze mich auf einen der größeren Steine. Nach ein paar Minuten des Wartens erhob sich plötzlich aus diesen sehr alten Steinen direkt neben mir ein mächtig wirkendes Wesen aus der Erde und stellte sich mir vor. Dieses Wesen hatte die Aufgabe mir einige Botschaften zu übermitteln, welche in dieses Buch mit aufgenommen worden sind. Als die Übermittlung zu Ende war, bedankte ich mich auf entsprechende Art und Weise. Da nun der Abstieg vor mir lag, fragte ich das Wesen, ob es mir hierbei behilflich sein könne und mir einen leichten Weg zurück ins Tal zeigen könnte. Ich erhielt dann ein Zeichen zum Aufbruch und folgte den mir vorgegebenen Weg. Teilweise wurde mir sogar gezeigt, wo ich welchen Fuß hinsetzen konnte, um den steilen Abstieg leicht zu überstehen. So konnte ich leichten Fußes ins Tal gelangen und mich an dem klaren Bachlauf erfrischen und frisches belebtes Bachwasser trinken. Bei vielen der mir von den Wesen übermittelten Botschaften wurde mir erst im Nachhinein das hinter der Botschaft übermittelte Wissen und die einzelnen Zusammenhänge bewusst. Es kann daher bei einigen Botschaften hilfreich sein, diese mehrmals zu lesen. Für mich persönlich waren diese Begegnungen mit Wesen unterschiedlicher Art und die Erlebnisse in der freien Natur sehr inspirierend und haben einen tiefen ehrfürchtigen Eindruck hinterlassen.

Wie alles begann

Bäume wie Tiere sind alle miteinander verbunden. Wasser und Luft sind die Träger der Informationen, welche Menschen, Tiere und Pflanzen gleichermaßen aufnehmen. Wasser entspringt dem inneren der Erde und wird durch die Gravitation auf der Erde gehalten. Gravitation ist die Kraft im Universum, die alles zusammenhält. So wie das Wasser als lebenswichtige Quelle der Erde entspringt, so ist die Energie der Sonne das Wasser für unser Sonnensystem. Wo Sonne ist, ist Bewegung und wo Bewegung ist, da kann auch Leben entstehen. Hinter jeglicher Form von Materie steht die Energie der Sonne, verbunden mit den Informationen unseres Sonnensystems. Wie beim Baum entstammt alles den gleichen Wurzeln. Je höher man schaut, desto mehr verästelt sich der Baum. Je nach Jahreszeit trägt der Baum Blüten, Früchte und Blätter oder ist kahl, wie im Winter. Es entspringt dennoch alles dem gleichen Baum. Entscheidend ist nur, welche Sicht man hat. Wo man gerade steht und wohin man seinen Blick (Fokus) richtet. Diese Analogie soll helfen die Natur der Dinge zu beleuchten und somit die alte Erkenntnisse wieder zum Blühen zu bringen.

Auch unser Universum ist in den Kreislauf von Werden und Vergehen eingebunden. So wie ein schwarzes Loch alles Bestehende im Universum, wie Materie, Licht und Energie in sich einzieht, so wird durch eine Supernova diese Energie dazu genutzt Neues entstehen zu lassen. Durch eine Supernova wird Energie in Materie umgewandelt und in den Raum geschleudert. Jedes noch so kleine Teilchen in diesem neu geschaffenen Universum ist gleichermaßen mit dieser Energie verbunden. Jede Form von Materie beinhaltet in seinem Innern einen Funken dieser gewaltigen Energieform. Über diesen Funken ist alles im Universum miteinander verbunden. Die Entwicklung des Lebens auf der Erde hat somit seinen Ursprung mit der Entstehung unseres Sonnensystems. Die einzelnen Materieteilchen, welche durch die Supernova ins Weltall geschleudert wurden, haben sich im Laufe der Zeit von Milliarden von Jahren zu einzelnen Materieklumpen vereint. Später sind hieraus die heutigen Planeten entstanden. Auf jedem einzelnen Planeten existieren völlig unterschiedliche Bedingungen. Auf der Erde entwickelten sich aus Materie Pflanzen, welche die Fähigkeit hatten aus sich selbst heraus zu wachsen. Pflanzen können somit Materie in verschiedene Formen wandeln. Es entstanden unterschiedliche Pflanzenarten, welche jedoch alle samt ortsgebunden waren. Um sich zu vermehren und an andere Orte zu gelangen entwickelten sich die unterschiedlichen Arten von Samen, von welchen einige die Fähigkeit hatten den Ort zu wechseln und somit für die Verbreitung der Art sorgten. Aus dieser Fähigkeit der Fortbewegung heraus entwickelten sich Wesen, welche sich unabhängig und zielgerichtet von einem Ort zum anderen bewegen konnten. Es entstand das Reich der Tiere. In jedem Tier auf dieser Erde sind gleichermaßen auch die Anlagen von Pflanzen ersichtlich. Auch Tiere besitzen die Eigenschaft von Pflanzen, aus sich selbst heraus zu wachsen. Diese Fähigkeit, Materie zu verändern, dient auch dazu, dass die Tiere ihren Körper heilen können. So können Verletzungen und Wunden des Körpers nach einiger Zeit von selbst heilen. Durch die Fähigkeit der unabhängigen und zielgerichteten Fortbewegung wurde eine strukturierte und organisierte Form des Zusammenlebens nötig. Es entwickelten sich somit Lebewesen, welche die Fähigkeit hatten innerhalb von Strukturen zusammen zu leben. Einige Lebewesen haben im Laufe der Zeit eine zusätzliche Eigenschaft entwickelt. Die Eigenschaft sich selbst zu organisieren. In allen Lebewesen mit dieser Eigenschaft sind gleichermaßen auch alle Eigenschaften der Materie, des Wachstums der Pflanzen sowie die unabhängige und zielgerichtete Fortbewegung der Tiere vereint. Der Mensch war geboren. Der Mensch besitzt zudem die Fähigkeit sich dessen und seiner selbst bewusst zu sein. Dieses Bewusstsein ist der Schlüssel zur Weiterentwicklung und bildet zugleich das Potential zur nächsten Stufe der Evolution.

Eigene Gedanken und persönliche Anmerkungen

....

....

....

....

....

....

....

....

....

....

....

....

....

....

....

Die Natur im Reich der Fülle

Die Natur gibt gerne und reichlich. Sie dient einer höheren Intelligenz als Grundlage zur Verwirklichung. Diese höhere Intelligenz wirkt durch jeden und ist in jedem vorhanden. Ein Teil hat sich jedoch in die Tiefe der niederen Schwingung der Materie abgespalten. Es ist das EGO des Menschen, welches in Form von Persönlichkeit eigenständig wirkt. Oft hat das EGO vieler Menschen durch die Erlebnisse der vergangenen Jahrhunderte den Bezug zur Quelle verloren und kann diese nicht mehr finden. Ohne die bewusste Anbindung an die Quelle der höheren Intelligenz sind die Menschen jedoch nichts weiter als Materie. Ohne den Bezug zum höheren Selbst sind die Menschen wie ein Stück Holz, abgespalten von den Wurzeln und damit ohne Lebenskraft. Der Mensch ist dann Spielball höherer Mächte. In der Natur gilt das Gesetz vom Höheren zum Niederen. Höheres Bewusstsein wird immer niederes Bewusstsein beeinflussen können. Umgekehrt ist dies jedoch nicht möglich. Ein Stück Holz kann nicht mehr wachsen, wenn es von den Wurzeln abgeschnitten ist. Nur als Teil eines lebendigen Baumes ist Wachstum möglich. Hierbei ist es dem Holz auch egal, wie es aussieht oder wo es sich gerade befindet. Angebunden an die Quelle kann es sich seinem Platz und seiner Aufgabe entsprechend entfalten. Ein totes Stück Holz kann man färben und bunt schmücken, ohne Anbindung wird es vergehen und ist auf die Hilfe von außen angewiesen. Ebenso ist es bei den Tieren. Ohne Anbindung an die Quelle sind sie Tod. Nur durch die Verbindung zum „Funken Gottes" können Tiere sowie auch Menschen leben. Auch die Tiere brauchen, ähnlich wie Pflanzen, ein lebensfreundliches Umfeld das sie nährt. So wie ein Baum seine Nährstoffe über die Wurzeln und aus der Luft aufnimmt, so brauchen Tiere die Nahrung und den Sauerstoff der Luft zum Leben. Hierbei ist es von besonderer Bedeutung, dass die Nährstoffe des Umfeldes zum Tier passen. Jedes Tier braucht einen anderen Lebensraum, um sich zu entfalten. Da der Platz auf der Erde begrenzt ist, haben sich die Tiere aufeinander eingestimmt. Viele Tierarten bilden Symbiosen, in denen der eine vom anderen profitieren kann. So ergibt sich ein aufeinander abgestimmtes biotisches System, in dem jede Art und Gattung seinen Platz und seine Aufgabe hat. Ohne dieses Miteinander würde es diese Artenvielfalt gar nicht geben. Die Natur ist ein fein ausgeprägtes System in dem Geben und Nehmen stets in Balance vorherrscht. Entwickelt sich eine Art überproportional stark, kommt eine Andere zum Vorschein und gleicht dies wieder aus. Zudem hat die Natur auch die Möglichkeit die Lebens-bedingungen auf der Erde zu beeinflussen. So können Lebensräume neu entstehen oder vergehen. Hierbei wirkt der kosmische Plan. Durch die Informationen der Sonne werden stetig Werte und Daten gemessen und an den Galaktischen Rat übermittelt. Dies sind die höheren Ebenen des Seins, welche das Leben auf den Planeten formen und gedeihen lassen. Hierfür stehen verschiedene Einflussmöglichkeiten zur Verfügung. Alles Leben auf der Erde unterliegt dem gleichen Wandel wie im Universum, da jeder ein Teil des großen Ganzen ist. Dennoch gilt der Grundsatz des freien Willens jedes einzelnen Lebewesens. Der Mensch hat hierbei jedoch die besondere Möglichkeit seinen freien Willen bewusst aus der materiellen Existenz des Lebens heraus selbst für sein Wirken in dieser Ebene des Seins zu nutzen.

Die Natur an sich ist in Jahrmillionen entstanden und entwickelt sich stetig weiter. Jedes Lebewesen hat in Abhängigkeit zur gesamten Schöpfung die Möglichkeit sich zu entwickeln und sich neu zu erschaffen. Dieser Prozess der Evolution ist ein unumstößliches Prinzip auf dem Planeten Erde. Jeder hat sich an diese Gesetze zu halten. Je mehr eine Art an Lebensraum beansprucht, umso größer sollte der Nutzen für die gesamte Gemeinschaft der Natur sein. Alle sind nicht nur über den „Funken Gottes" miteinander verbunden, sondern teilen sich auch die Ressourcen, wie Wasser, Luft und Nährstoffe. Diese Ressourcen der Natur sind der eigentliche Reichtum und bilden somit die Einzigartigkeit unseres Planeten innerhalb unseres Sonnensystems. Die Macht des Erschaffens, Werdens und Vergehens liegt in den höheren Ebenen des Seins. Hier werden die Weichen für eine erfüllte Zukunft oder den Untergang gestellt. Ohne Zweifel sticht der Mensch durch den bewussten Zugang zu den höheren Ebenen seines Bewusstseins aus der Gesamtheit der lebenden Natur heraus. Der Mensch hat zum einen die Fähigkeit in der materillen Welt zu wirken und ist auf der anderen Seite in der Lage aus höheren Bewusstseinsebenen heraus zu agieren. Bewusstes erwachtes Bewusstsein gepaart mit dem freien Willen ist das Werkzeug. Wie dies benutzt wird, entscheidet jeder Mensch selbst sowie auch die Menschheit kollektiv auf diesem Planeten. Sämtliche Lebensformen, Pflanzen, Tiere sowie das Reich der Mineralien sind bereit dem Menschen zu dienen, sofern der Mensch die Rolle eines höher entwickelten bewussten Lebewesens anerkennt und auch ausfüllt. Hierzu gehört eine ganzheitliche und umfassende Sichtweise, bei der regionale Kriterien ebenso wie auch kosmische und intergalaktische Entwicklungen berücksichtigt werden. Jeder Mensch trägt bei diesem Prozess eine individuelle Verantwortung und ist gleichermaßen auch für die Handlungen der Menschheit als kollektive Lebensform verantwortlich. Im Universum gilt nicht das Prinzip des Stärkeren auf der materiellen Ebene, sondern das Prinzip vom Höheren zum Niederen. Das bedeutet, höheres Bewusstsein wird niederes Bewusstsein anweisen. Je höher entwickelt eine Spezies ist, desto mehr tritt das Gemeinwohl in den Vordergrund. Es ist ähnlich wie in der Politik. Die Politiker vertreten die Interessen des Volkes und sind dessen Repräsentanten. Ob das Volk sich dessen bewusst ist oder unbewusst handelt, ist hierbei egal. Auch bei den Tieren übernimmt eine höhere Intelligenz oft die Koordination und Führung. Sehen wir uns die vielen Herdentiere an, dann kann man erkennen, dass diese oft kollektiv geführt werden. Eine höhere Bewusstseinsform übernimmt die Ausrichtung und Koordination. Dies zu erkennen, ist nur dem bewusst geschulten Auge sichtbar. So wie die Rinde eines Baumes nur die äußere Hülle ist, so bleibt das Wesentliche im Inneren dem unwissenden Blick verborgen. Das reine Holz eines Baumes auf der materiellen Ebene ist nur ein Teil des Nutzens. Zudem ist dies nur ein kleiner Nebeneffekt. Die wahre Macht eines Baumes steckt in seinem Innern. Es ist zum einen die Stelle, der besondere Platz in der Natur. Es ist zum anderen der Baum als Teil innerhalb der Gemeinschaft. Das Besondere hierbei ist die Aufgabe sowie Funktion, eingebunden ins gesamte Lebensgeflecht. Ein Baum dient vielen Lebewesen als Schutz, Nahrung und Grundlage des Lebens. Die Aufgabe der Bereitstellung von Sauerstoff für viele Lebensformen auf diesem Planeten ist sicherlich eines der Hauptaufgaben. Die Wurzeln dienen dem Erhalt des Lebensraumes Waldes. Bäume sind zudem Träger von Informationen und damit unverzichtbar für die Natur.

Die Natur, das sind nicht nur all die Dinge die man anfassen kann, sondern es gibt auch viele Sphären hinter den äußeren sichtbaren Dingen. Ähnlich, wie der Wind, den man nicht sehen kann, entfaltet er dennoch seine Wirkungen. Einmal als eine leichte Brise und ein anderes Mal als stürmischer Orkan. Der Wind ist für die Natur genauso wichtig, wie das Wasser, die Sonne und der Boden der Erde. Durch Winde werden nicht nur die

Samen der Pflanzen transportiert, sondern durch die verschiedenen Luftströmungen wird auch Wasser in Form von Regen auf die unterschiedlichen Flächen der Erde verteilt. Der Wind hat damit eine sehr wichtige Funktion für das gesamte Ökosystem. Auch sorgt der Wind für einen harmonischen Ausgleich in der Natur. So unterstützt er z.B. das Werden und Vergehen in den vier Jahreszeiten. Der Wind bringt jedoch auch Informationen von anderen Teilen der Erde mit sich. Wenn im Binnen- land starker Wind vom Ozean kommend weht, dann kann manchmal die salzige Luft des Meeres wahrge- nommen werden. Hinter jedem kleinen Teilchen in der Luft steht auch immer die Information des Ortes von dem dieses Teilchen kommt. So sind alle Pflanzen, Tiere und auch die Menschen mit allem in der Natur verbunden.

Die Luft die wir atmen haben vor uns schon Millionen von Menschen geatmet. Jeder einzelne Mensch, jedes Tier und jede Pflanze tragen gleichermaßen zum Erhalt der Symbiose bei. Die Pflanzen wandeln die Kraft der Sonne mit Wasser und Kohlendioxid in energiereiche Nährstoffe um und geben gleichzeitig Sauerstoff an die Umwelt ab. Tiere und Menschen können die in der Nah- rung gespeicherte Sonnenenergie nutzen und wandeln die energiereichen Kohlenstoffverbindungen in Wasser und Kohlendioxid um. Auch die Informationen in der Nahrung an sich spielen hierbei eine große Rolle und sind von Bedeutung. Alles ist miteinander verbunden und wirkt wechselseitig aufeinander ein.

Das Wasser, das wir trinken, haben ebenso wie bei der Luft, schon Millionen Lebewesen vor uns getrunken. Auch Wasser ist eingebunden in den ewigen Strom des Ausgleichs vom Geben und Nehmen. Die verschiedenen Meeresströmungen sind ebenso wie bei der Luft alle miteinander verbunden und beinhalten die Informationen des Umfeldes. So sind Luft und Wasser die Grundlagen allen Lebens auf dem Planeten Erde. Der Lebensraum auf der Erde ist ein in sich geschlossenes aufeinander abgestimmtes Ökosystem. Nur die Energie der Sonne ist im gesamten Sonnensystem überall gegenwärtig. Alles auf dem Planeten Erde ist einmalig und entwickelt sich beständig weiter.

Eigene Gedanken und persönliche Anmerkungen

....

....

....

....

....

....

....

....

....

....

....

....

....

....

....

Der Fluss des Lebens

Der Fluss des Lebens ist wie ein seichter Bach oder ein reißender Strom. Mal ist Geschwindigkeit, was zählt und ein anderes Mal ist es die Ruhe und Gelassenheit mit der das Wasser dahinplätschert. Jeder einzelne Tropfen Wasser hat dabei seine eigene Bestimmung. Jedoch nur in der Summe als Ganzes bildet sich das Wasser des Flusses. So wie jeder Tropfen im Bach eines Flusses zählt, so zählt auch jeder Moment im Leben eines Menschen. Dies macht es aus Mensch zu sein. Alles was wirklich zählt, ist der jetzige Moment. Zur richtigen Zeit das Richtige tun, wird am Ende des Lebens das große Ganze sichtbar werden lassen. Es ist nicht so wichtig, wo man sich gerade befindet. Wichtig ist seine Aufgabe zu kennen und entsprechend zu handeln. Nur wenn jeder seiner Bestimmung folgt, kann aus dem Leben ein sinnvoller Fluss werden. Ob nun Gebirgsbach oder reißender Strom, Wasser ist Wasser. Nur die Form ist verschieden und ändert sich stetig. So formt sich ein Flussbett durch die Landschaft, welches dem nachfolgenden Wasser den Weg weist. So ist es auch bei den Generationen von Menschen. Jede Generation baut das Flussbett seiner Vorgänger weiter aus und bestimmt damit die Richtung für die folgenden Generationen. Das Fließen an sich, genauer gesagt, die Bewegung des Wassers, ist der Schlüssel für seine Kraft. Macht es dem Wasser gleich und bewegt euch kraftvoll durch die Welt. Begrenzungen existieren für das Wasser eines Flusses nur durch die Begrenzungen des bereits geflossenen Wassers. Die Naturgesetze sind zu achten wie eh und je. Wasser fließt von oben nach unten. Ebenso ist es mit dem Bewusstsein. Höheres Bewusstsein beeinflusst niederes Bewusstsein. Durch die Nutzung des freien Willens haben die Menschen die Möglichkeit aufzusteigen im Bewusstsein und den kosmischen Gesetzen folgend das Umfeld zu beeinflussen. Wasser passt sich ebenso dem Umfeld an, wie es die Umgebung beeinflusst und formt. Die Wiesen und Wälder profitieren gleichermaßen vom Fluss des Wassers, wie auch Tier und Mensch. Sonne und Mond sind der Motor des Werdens und Vergehens, welcher in Zyklen eines stetigen auf und ab erfolgen. Alle Lebewesen halten sich an diese Zyklen. Alles, was auf der Erde existiert, ist eingebunden in diese Zyklen und braucht die Energie der Sonne ebenso, wie die Wirkung des Mondes. Auch alle anderen Planeten haben Einfluss auf diese Entwicklungen. Wasser ist einzigartig auf unserem Planten Erde und zugleich die Grundlage allen uns bekannten Lebens. Tag für Tag verbringen die Menschen damit sich im äußeren Glanz zu schmücken und sich darzustellen. Dabei ist dies nur eine Seite der Medaille, nur die äußere Hülle, welche die Wirkung ist, des tieferen inneren Seins des Menschen. So wie alles in unserem Universum gibt es eine äußere Form und eine innere Bestimmung. Wir sind alle Teil eines viel größeren Ganzen und in unserer Existenz abhängig vom Zusammenwirken der unterschiedlichsten Kräfte auf dieser

Erde und darüber hinaus. Fehlt ein Stück vom großen Ganzen, dann hat dies Auswirkungen auf alles was ist. So soll es sein bis in alle Ewigkeit. Jedes einzelne Lebewesen hat seinen Platz und seine Aufgabe.

Die Vögel sorgen jeden Tag für den Erhalt der Welt, sowie auch alle anderen frei lebenden Geschöpfe der Natur ihrem Wesen folgen. Eine Wiese ist nur saftig und grün, wenn ausreichend Wasser vorhanden ist, wenn die Sonnen den Boden erwärmt und damit Energie spendet, wenn die Tiere des Waldes sowie alle anderen auf der Wiese lebenden Insekten und Würmer unter der Erde, seien sie auch noch so klein, in Einklang und Harmonie das Gleichgewicht aufrecht erhalten. Hierfür stehen hinter jeder Pflanze, jedem Strauch, jedem Busch und jedem Baum eine Vielzahl von Naturwesen bereit, um die Balance zu wahren. Naturwesen sind zum einen gebunden an die Pflanzen der Umgebung, zum anderen gibt es jedoch auch viele Wesen, welche übergeordnet aktiv sind. Früher war es selbstverständlich, auch für die Menschen, mit diesen Wesen in Einklang zu leben. In der heutigen Zeit kommt dieses Wissen langsam wieder zurück ins Bewusstsein der Menschen. Die Zukunft werden nur Menschen aktiv mitgestalten können, welche die Vielfalt der Natur anerkennen und gleichberechtigt achten. Der respektvolle Umgang mit den Wesen der Natur, anderen Lebensformen sowie die Wahrung des Gleichgewichtes unter Einhaltung der universellen Gesetze sind dabei entscheidend.

Eine kleine Fliege mag für den unbewusst lebenden Menschen nur ein kleines unbedeutendes Tier darstellen. Aus einem höheren Bewusstsein heraus, ist dieses Tier jedoch ein ebenso beseeltes an die Erde gebundenes Lebewesen, wie der Mensch. Auch eine Fliege atmet die gleiche Luft, braucht das gleiche Wasser und Nahrung aus der gleichen Quelle von Mutter Erde, wie der Mensch. Eine Fliege ist daher gleichermaßen ein Teil vom großen Ganzen, wie jedes andere Lebewesen. Sie hat ihre Aufgaben und ihren eigenen Lebensraum, ebenso wie alle anderen Lebewesen. Auch der Mensch hat diesen Lebensraum so zu respektieren und sollte mit Bedacht vorgehen.

Menschen folgen im Allgemeinen ihren Instinkten und gehen in die Natur, wenn es ihnen schlecht geht. In der Natur können Dysbalancen wieder ausgeglichen werden. Der Ausgleich findet durch die Balance der Umgebung des Waldes, der Wiesen, Flüsse und Felsen statt. Auch die wild lebenden Tiere tragen dazu bei die Balance zu wahren. Die Balance der Natur ist demnach der Schlüssel für Wohlbefinden, Glück und Gesundheit. So gibt die Natur reichlich, nicht nur Nahrung und Rohstoffe für die vielen verschiedenen Annehmlichkeiten des menschlichen Daseins, sondern auch für Balance und Ausgleich. Ein Spaziergang durch die freie Natur ist erfrischend und inspirierend zugleich. Neue Energien und Kräfte entstehen scheinbar aus dem Nichts. Das Geheimnis ist ganz einfach. Mit der Energie ist es wie mit dem Wasser eines Flusses. Erst durch das fließende Wasser wird der Fluss zu einem Fluss. Das Fließen des Wassers ist hierbei das Wesentliche. Das Wasser kann jedoch nur frei fließen, wenn das Flussbett frei ist von Blockaden und Hindernissen. So erhält der Fluss seine Kraft. Wasser ist das Element durch das die Kraft des Flusses seine Wirkungen entfalten kann. Mit der Energie der Menschen verhält es sich ähnlich. Durch Blockaden und Dysbalancen wird der Energiefluss behindert und der Mensch fühlt sich matt und müde. Die Kraft kann sich nicht entfalten. Ist der Mensch in der Natur, wird Balance automatisch durch das Umfeld hergestellt. In Balance kommt die Energie in Fluss und kann wieder fließen. Der Mensch ist dann frisch, aufgeweckt und kraftvoll. Tatendrang macht sich breit und es können neue Projekte angegangen werden. Die Balance und das Gleichgewicht ist wichtig für alles was ist, im gesamten Universum. Es wirken universelle Gesetz-mäßigkeiten, welche auf allen Ebenen Ausgleich schaf-fen. Der Mensch kann sich durch Nutzung seines freien Willens jederzeit entscheiden, ob er selbst eigenver-antwortlich und bewusst für Ausgleich und Balance sorgt oder ob er dies den Kräften des Universums überlässt. Im zweiten Fall werden sich Ereignisse im Leben der Menschen ergeben, mit welchen diese nicht gerechnet hätten. Im ersten Fall haben Sie es selbst in der Hand den Fluss ihres eigenen Lebens zu steuern.

Die Felsen, Berge und Täler dienen der Natur als Grundlage der Existenz, so wie auch Materie dem Menschen als Existenzgrundlage dient. Felsen sind ebenso aus dem Material der Erde entstanden, wie auch der Mensch aus den einzelnen Bausteinen der Erde besteht. Das natürliche Zusammenspiel der Elemente in einem harmonischen miteinander ist das Wesentliche. Durch Gleichgewicht und Balance der Elemente wird Stabilität erzeugt. So entsteht die Festigkeit als Fundament des Lebens. Bröckelt ein Felsen am Gipfel eines Berges, so wird dieser auch alles Leben, das sich auf dem Fels befindet und mit diesem in Verbindung steht, mit in die Tiefe reißen. Es sind oft die Vielzahl der kleinen Dinge, die einen Fels im Laufe der Zeit zu Fall bringt. Leben braucht eine stabile Grundlage als Basis für die Vielfalt der Pflanzen- und Tierwelt in der Natur. Auch beim Menschen ist es nicht anders. Die Zeit und Kontinuität mit der ein Ziel verfolgt wird, spiegelt sich im Erfolg für die Arbeit wieder. Dies gilt für Prozesse des Verfalls ebenso wie für den Aufbau von neuen Dingen. Auch in der Natur braucht es eine gewisse Zeit und ein stabiles Fundament aus Erde, gemischt mit all den anderen Zutaten, damit Leben entstehen kann. So können sich die Pflanzen, Tiere und Vegetationen entwickeln. Der Prozess des Aufbaus ist ein langer Weg auf dem neben der Zeit auch die Qualität der Zutaten und das harmonische Miteinander der einzelnen beteiligten Elemente eine entscheidende Rolle spielen. In der Vielzahl und Verschiedenartigkeit der einzelnen Elemente liegt das

Potential für eine blühende Landschaft. Alles bedingt sich gegenseitig. Fehlt ein Teil des großen Ganzen, so kann sich die Natur nur eingeschränkt entwickeln. Jedes Teil hat seinen Platz und seine Aufgabe. Nur wenn alle beteiligten Elemente das ihre Tun, kann eine vielfältig blühende Landschaft entstehen. Jeder Platz und jeder Ort ist somit geprägt von der Art und der Qualität des Zusammenspiels der Elemente. Durch dieses erhält jeder Ort seine ihm eigene Energie und Ausstrahlung. Sind die Elemente in Harmonie, dann wird auch die Energie an diesem Ort eine harmonische und ausgleich-ende Wirkung haben. Sind die Elemente, durch welche Ursache auch immer, nicht in Balance, dann wird sich dies auch in den vorherrschenden Energien dieses Ortes wiederspiegeln. So kommt es dann auch, dass Men-schen an einigen Orten aus dem Gleichgewicht kommen und bei längerem Aufenthalt sogar Krankheiten ent-stehen können. Krankheiten bilden sich nur, wenn der Mensch oder Teile des Menschen nicht in Balance sind. Kleinere Dysbalancen kann der menschliche Körper leicht ausgleichen. Werden diese jedoch zu stark, dann werden Dysbalancen in Form von Krankheiten sichtbar. Dieses Wissen nutzend, wird kranken Menschen auch oft geraten raus in die Natur zu gehen. Hier kann der menschliche Körper in Resonanz mit dem Gleichgewicht in der Natur kommen und sich so wieder in Balance bringen. Intuitiv gehen Menschen in die Natur und jeder kennt sicherlich die ausgleichende reinigende Wirkung eines schönen Waldspaziergangs in unberührter Natur.

Balance entsteht durch das natürliche Fließen der Energien durch die Elemente. Tiere und Pflanzen folgen dem Instinkt und bewegen sich automatisch im Einklang mit der jeweiligen Umgebung in der Natur. Der Mensch hat den freien Willen und damit die bewusste Wahl sich auf Balance oder auf Dysbalancen zu fokussieren. Der Mensch kann somit ein lebensfreundliches oder ein lebensfeindliches Umfeld erschaffen. Die Natur strebt immer ein harmonisch ausgleichendes Umfeld an. Dies ist ein universelles Gesetz im gesamten Sonnensystem. Der Mensch ist hier nur ein Teil des großen Ganzen.

Sowie eine Landschaft aus einer Vielfalt von einzelnen Elementen, wie Pflanzen, Bäumen, Tieren, Blumen besteht, so ist auch der Mensch nur ein Teil der Erde und des gesamten Sonnensystems. Dysbalancen streben stets dem Ausgleich entgegen. Werden Dysbalancen jedoch erschaffen und ein Ausgleich behindert, so führt dies zu Stillstand und Tod. Nur in ausgewogener Balance der Elemente kann die Energie des Lebens fließen. Leben ist gekennzeichnet von Bewegung und dem Fließen von Energie. Stillstand und Blockade ist ein Zeichen für Tod und Untergang. Da das Zusammenspiel der Elemente einen wesentlichen Einfluss auf die Energien eines Ortes hat, ist die Natürlichkeit stets zu beachten. Auch bei den von Menschenhand geschaffenen Systemen hat dieser Grundsatz seine Gültigkeit.

Eigene Gedanken und persönliche Anmerkungen

....

....

....

....

....

....

....

....

....

....

....

....

....

....

....

Eigene Gedanken und persönliche Anmerkungen

....

....

....

....

....

....

....

....

....

....

....

....

....

....

Zäune sind die Grenzen des Systems

Alles ist miteinander verbunden, jeder Baum, jeder Strauch und jedes Lebewesen. Auch die Menschen leben nicht isoliert in ihren Häusern. Auch Sie sind Teil der Natur. Hinter jedem Lebewesen und jeder Pflanze, jedem Ding dieser Erde stehen ein Vielzahl von Helfern und Unterstützern in anderen Ebenen des Seins. Diese Wesen sind die Bewahrer der Natur und halten alles zusammen. Sie sorgen für die Zyklen des Werdens und Vergehens. So ist alles eingewoben in einen ewigen Kreislauf. Früher hatten die Menschen noch die Fähigkeit sich mit diesen Wesen zu verständigen und ein respektvoller Umgang miteinander war die Regel. So konnte einer vom anderen lernen. Die Menschen hatten einen bewussten Bezug zur Natur und den Elementar- und Naturwesen. Auch der heute lebende Mensch ist unumstößlich eingebunden in dieses Netzwerk der Verbindungen. Nur ist heute vielen Menschen diese Verbindung immer weniger bewusst. Im Laufe der Zeit, je mehr der Mensch tiefere Erfahrungen in der Materie machte, wurde diese bewusste Verbindung zur Natur geopfert. Der Mensch konzentrierte all seine Kraft in der Vervollkommnung der Materie. Die reine äußere Form stand im Fokus der Betrachtung und allgemeinen Bemühungen. Im Bereich der Materie konnten so beachtliche Entdeckungen gemacht werden. Das Zusammenspiel der Elemente der Materie wurde soweit verfeinert, dass vielerlei Maschinen, Autos, Computer und vieles mehr entstanden ist. All diese Dinge machen zum einen das Leben der Menschen leichter und angenehmer. Der Preis war jedoch der Verlust der bewussten Anbindung an das große Ganze. Viele Menschen erkennen heute wieder vermehrt diese Zusammenhänge. Die Menschen haben das Gefühl, dass etwas fehlt in dieser ihrer Welt. Es ist an der Zeit für die Wiederbesinnung dessen, was ein Mensch ist und wie er eingebunden in die Natur die universellen Gesetze achtend, die Vielfalt des Seins entdecken kann. Das was bisher in der Vergangenheit geschah und teilweise immer noch passiert, schmerzt den bewusst Wahrnehmenden sehr. Das Fällen eines Baumes ist dann nicht nur ein Stück Holz, was für die Industrie genutzt wird. Es ist Vielmehr so, als ob ein Teil von einem selbst gegangen ist. Ein Teil des Ganzen fehlt plötzlich, so wie man einen guten Freund oder Familienangehörigen vermisst, wenn jemand stirbt. Die artgerechte Nutzung der Reichtümer der Natur ist hier der Schlüssel für zukünftigen Wohlstand. Die Verbindung miteinander, der Ausgleich, die Balance von Nehmen und Geben wird entscheiden, wie sich die heutige Welt weiter entwickelt. Grenzenloser Reichtum und Fülle, nahezu unendliche Vielfalt und Artenreichtum entspringt dem Wachstum der Natur. Ein Baum in einem Garten wächst genauso wie ein Baum im Wald. Es gelten die gleichen Gesetze. Auch stört es das Wachstum eines Baumes nicht, wenn dieser umzäunt in einem Garten steht. Der Zaun, das ist die Begrenzung des Systems der Menschen. Für den Baum ist der Zaun nicht relevant. In der Natur gibt es keine künstlich geschaffenen Begrenzungen. Nur der Mensch begrenzt sich selbst durch die verschiedenen Systeme die geschaffen wurden. Da wo sich ein Zaun oder eine Mauer befindet, da ist die Grenze eines vom Menschen geschaffenen Ordnungssystems. Wem das System dient, das bestimmen die Menschen selbst durch ihren freien Willen. Auch hierbei gilt der gleiche Grundsatz, alles ist miteinander verwoben und beeinflusst sich wechselseitig. Lebt ein Lebewesen längere Zeit in einem bestimmten Umfeld, wie bspw. mit Mauern und Zäunen umgehen, dann wird dies zur begrenzten Welt dieses Lebewesens. Nach einiger Zeit schwindet der Weitblick und der Bezug zur Welt außerhalb dieses künstlich geschaffenen Umfeldes. Dieses Faktum kann recht gut an den vielen Tieren, welche eingesperrt leben, ersehen werden. Diese Tiere leben zwar in „Sicherheit" vor Einflüssen und Gefahren von außen und doch sind diese an die Begrenzungen, welche das System ihnen vorgibt, gebunden. Nur der Mensch ist derzeit in der Lage sich selbst dessen bewusst zu sein. Er kann sich dann durch Nutzung des bewussten freien Willens entscheiden, das System zu verlassen oder selbst aktiv zu werden und das von Menschen erschaffene System zu ändern. Dies wird jedoch nur gelingen, wenn der Blick nach außen, außerhalb der aktuell sichtbaren Begrenzungen und Mauern, gerichtet ist. Oft sind jedoch die Mauern und Begrenzungen im Inneren des Menschen verankert, so dass diese im außen für das ungeübte Auge nicht sicht-

bar sind. Hier gilt es dann den Blick nach innen zu-
richten. Was verbirgt sich dort und was ist die Ursache,
welche Mauern und Begrenzungen entstehen lassen, wo
im außen in der Wahrheit gar keine vorhanden sind. So
ergeben sich zweierlei Wege in die Freiheit. Zum einen
sollte der erste Schritt immer der nach innen gerichtete
Blick sein. Hier liegt die Ursache oft im Verborgenen von
innen nach außen wirkend. Die Ursachen wurden durch
den freien Willen jedes Menschen selbst gesetzt. Erst
wenn hier die Ursachen gefunden sind, kann der Blick in
die Ferne schweifen über Grenzen und Zäune hinweg in
die Weite der Natur.

So wie im inneren eines Menschen unendliche Möglichkeiten vorhanden sind, so gibt es diese auch in der
äußeren Welt. Die äußere Welt nehmen viele Menschen
der heutigen Zeit jedoch nur überwiegend mit den
äußeren Sinnen wahr. So bleibt vielen das wesentlich
wirkende Prinzip unsichtbar, noch im Verborgenen.

Es ist für jeden Menschen jederzeit möglich diesen Blick
nach innen wieder zu erlernen. Hierzu ist Geduld und
Ausdauer nötig. Wer seinen Blick fokussierend nach
innen richten kann und seine „normale" äußere Wahr-
nehmung für diesen Moment ausschalten kann, der kann
auch das innere Wirken hinter den Dingen erkennen. So
wie in der Natur können dann die verbindenden Felder
und verschiedenen Wechselwirkungen erkannt werden.
Die universell wirkenden Gesetze sind somit greifbar und

erfahrbar. Die Natur bietet den Menschen die Grundlage zum Begreifen der vielfältigen Zusammenhänge. Die Natur einer Sache zu erforschen und das Wesen dieser zu erkennen, sind die grundlegenden Fähigkeiten zum Verständnis. Viele Erfindungen wurden erst möglich durch das Verständnis der Vorgänge in der Natur. Das Begreifen der Wechselwirkungen und Einflussgrößen auf eine Sache machen die Gesetze der Natur für den Menschen erst greifbar. Somit können Veränderungen im Einklang mit der Natur erfolgen. Die Gesetze der Natur sowie im gesamten Universum wirken unermüdlich schier zeitlos und präzise bis in das kleinste Element der Materie. Diese Prozesse geschehen schon seit Anbeginn der Zeit. Die Natur, sowie auch der Mensch selbst sind hierbei ein Teil des großen Ganzen.

Zeit spielt auf den höheren Ebenen keine Rolle. In den Ebenen der materiellen Welt ist die Zeit jedoch ein wichtiges Prinzip. Eingebunden in die Gesetze von Ursache und Wirkung, wird Materie erschaffen und vergeht. Der Faktor Zeit spielt daher für die Menschen dieser Welt eine entscheidende Rolle. Nicht jedoch sosehr die vom Menschen geschaffene künstlich linear laufende Zeit, nach der viele Menschen ihr Leben ausgerichtet haben. Diese Zeit ist die Zeit innerhalb der künstlich geschaffenen Systeme. Die Zeit, welche für das Leben wesentlich wichtiger ist, ist die Zeit welche gemessen wird in Zyklen. Diese orientiert sich am Leben selbst, an Energien, welche sich wandeln von einem

Zustand zum Anderen. So entstehen die vielfältigen Abläufe im natürlichen Rhythmus der Natur. Es geht hierbei um Seinszustände welche abwechselnd Hand in Hand gehen. Hierdurch entsteht die Vielfalt der Welt. Zyklen bestimmen das Leben auf der Erde. Hierdurch erfahren die Menschen den Wert der Zeit. So kann eine Minute Systemzeit zu einem Ereignis von mehreren gefühlten Stunden werden und ein ganzes Leben verändern. Die ganze Zeit eines Erdenlebens kann auch, nicht recht genutzt, zu einem nur kleinen Moment im Rad der Zeit werden. Den Unterschied macht das bewusste Tun eines jeden Menschen. Tag ein, Tag aus das Gleiche tun und unbewusst von einem System zum anderen wechseln, dass kann zu einem kurzen Punkt auf dem ewigen Rad des Lebens führen. Bewusst gelebte Zeiten des Erdendaseins erfüllen das Sein mit Energie und haben die Kraft zur Veränderung. So entstehen neue Welten. Hinterlasst selbst einen Abdruck eures Seins, auf dass dieser zu neuen Ebenen führen kann.

Nur durch die bewusste Anwendung der Gesetze von den Zyklen und Energien, wird Materie dem Menschen dienen können. Anderenfalls wird der Mensch Untertan und andere Wesenheiten werden sich erheben über Mensch und Materie. Der Mensch hat die Macht zu erschaffen. Das was auch immer der Mensch erschafft, wird das Leben zukünftiger Generationen beeinflussen. Durch das Rad der Zeit kann jedoch Ausgleich und

Balance geschaffen werden. Alles in dieser Welt strebt dem Ausgleich entgegen. In der Natur gibt es hierfür die verschiedenen Kreisläufe der Elemente, welche auch im Menschen gleichermaßen wirken. Der Wind ist die Kraft des Elementes Luft. Kalte und warme Luftmassen werden so bewegt, dass Balance erzeugt werden kann. Die Elementarwesen des Windes sorgen auch hier für die Bewegungen, welche Sauerstoff und Kohlendioxid von einem Ort zum anderen bewegen. So entstehen Luftströmungen, welche es ermöglichen, dass der Kreislauf des Lebens funktionieren kann. Der Wind sorgt so für Balance der Kräfte der Luft, ist Transportmittel und hält den Fluss der Dinge in Bewegung. Auch im Menschen finden wir dieses Prinzip. Durch die Atmung entsteht ein Austausch der Luftmassen vom Innern mit dem Außen. Der Atem hält den Kreislauf des Lebens in Bewegung. Mit jedem Atemzug findet Austausch und Begegnung statt. Die Menschen brauchen den Atem, ebenso wie die Natur den Wind zum Leben. So wie die Erdoberfläche zum größten Teil mit Wasser bedeckt ist, so besteht auch der Körper des Menschen zum größten Teil aus Wasser. Auch das Element Wasser hat die Funktion des Ausgleichs inne. Die verschiedenen Meeresströmungen durchziehen die Ozeane unseres Planeten. Sie dienen vielen Tieren und Organismen als Transportmittel und beleben die Meere. Kreisläufe entstehen durch unterschiedliche Pole eines selben Elementes. Kaltes Wasser steigt hinab in die Tiefe, während warmes Wasser emporsteigt. Dies ermöglicht den Austausch innerhalb der Weltmeere. Wasser ist speziell für den Planeten Erde ein wichtiges Element des Lebens. Wasser ist nicht nur physikalisch und chemisch gesehen eine Besonderheit im Vergleich zu allen anderen Elementen in diesem Sonnensystem, sondern dient zugleich auch als Medium für den universell lebenswichtigen Informationsspeicher, dem morphogenetischen Feld. Das gesamte Wissen der Lebewesen und insbesondere das der Menschheit ist im Wasser der Erde als Träger der Informationen gespeichert. Eine klare und saubere Anbindung an diese Informationsquelle ist eine wichtige Grundlage des Lebens. Verschmutzungen jedweder Art haben auch Auswirkungen auf die Kommunikation und den Informationsaustausch mit diesem Wissensspeicher. Wissen ist Macht und ohne Zugriff auf dieses Wissen sind die Menschen machtlos.

Ein machtvolles Wesen zu sein, bedeutet daher auch seine Anbindung an die Quelle des Wissens zu pflegen und rein zu halten. Verschmutzungen aller Art sind zu vermeiden und hemmen den Fluss des Lebens. Das feste Element der Erde sorgt hier für Ausgleich und Balance. Die Erde gleicht einem gigantischen Filtersystem, mit dessen Hilfe das Wasser gereinigt werden kann. So haben die einzelnen Erdschichten ihre Funktion und sind eingebunden in den Kreisläufen im Innern des Planeten. Die Erdkruste ist der stabile Teil der Materie, welche den Planeten zusammenhält. Diese dient als Schutz und gibt zugleich die äußere Form. Ebenso sieht es beim Menschen aus. Die festen Bestandteile des Menschen, wie Knochen, Muskeln, innerer Organe sowie Haut und Haar sind die Elemente, welche den Menschen zusammenhalten und die Form bestimmen. Auch hier haben die einzelnen Organe sowie die Haut eine ausgleichende Funktion. Diese filtern die Körperflüssigkeiten und nutzen das Wasser, welches der Mensch mit der Nahrung zu sich nimmt, zum Ausgleich und für die Reinigung des Körpers. Ein Ausgleich kann jedoch nur erfolgen, wenn alle Teile in Einklang sind und reines sauberes Wasser zur Verfügung steht. Die Information des Wassers aus der Natur ist zudem als Ordnungskriterium wichtig für den Körper des Menschen, für Pflanzen und für Tiere. So wie die Erde das Gefäß für das Wasser der Ozeane, Flüssen und Seen ist, so ist der menschliche Körper das Gefäß für das lebendige Nass als Grundlage des Lebens. Bewegung ist Leben. Der Fluss des Lebens geht eng einher mit dem Fluss des Wassers. Sonne und Mond sind hierbei die treibenden Kräfte. Der Mond bringt Wasser durch Gravitation in Bewegung, während die Wärme der Sonne als Energiequelle dient. Diese Energie ist es, welche den Prozess des Wandels von fest zu gasförmig antreibt. Ohne den Unterschied von warm und kalt gibt es keine Bewegung und ohne Bewegung kein Leben. Dies ist der Grundsatz in diesem Universum. Das Feld welches alles verbindet, ist allgegenwärtig und präsent in jeder Zelle und jedem Atom. So ist alles verbunden und steht in fließender Wechselwirkung miteinander. Der

Äther ist das Feld, welches verbindet und lenkt. Hier fließen die Fäden zusammen und setzen die Ursachen für die vielfältigen Wirkungen in dieser Welt. Der Mensch ist Teil dieses Universums und gebunden an die Gesetze des Ausgleiches. Diese wirken multidimensional auf allen Ebenen zu gleich. Eingebunden in die lebendige Natur sind alle Themen jederzeit präsent und wirksam. Jede Tat und jeder Gedanke zählen gleichermaßen stark. Jedes Gefühl sowie die damit verbundene Absicht haben einen Einfluss auf das Geschehen in dieser Welt.

Eigene Gedanken und persönliche Anmerkungen

....

....

....

....

....

....

....

....

....

....

....

....

....

....

....

....

Eigene Gedanken und persönliche Anmerkungen

....

....

....

....

....

....

....

....

....

....

....

....

....

....

....

Die verborgene Kraft im Ozean

Die Wellen des Ozeanes sind die sichtbaren Zeichen von Bewegung und damit von Leben. Bewegung entsteht durch die Unterschiedlichkeit von Materie. Wasser ist der festen Materie gleich und dennoch in fließender Bewegung. Ozeane bedecken den größten Teil der Erde. In diesen Teilen ist der Ursprung allen Lebens zu finden. Die Küsten sind die Kontaktflächen der Ozeane mit dem Festland. Sie fungieren als Schnittstelle zwischen Land und Wasser. An Stellen von Übergängen lassen sich Naturgesetze sehr leicht und verständlich begreifen. Die Bewegung der Wellen spiegeln die Bewegung des Lebens wieder. Jede Welle ist anders und keine gleicht der Anderen. Dennoch folgen die Wellen dem natürlichen Rhythmus des Lebens. In der Unterschiedlichkeit liegen der Reiz und die Herausforderung zugleich. Wellen gleichen sich der Umgebung und dem vorherrschenden Umfeld an. Mal sind sie groß, mal sind sie klein und ein anderes Mal sind sie scheinbar gleich. Manchmal kommen Wellen schnell ans Ufer geprescht und ein anderes Mal ist die See seicht. Auch der Rhythmus der einzelnen Wellen ist unterschiedlich und auf das Umfeld abgestimmt. Alle Wellen stammen aus der gleichen Quelle und sind aus dem gleichen Stoff. Wasser ist das Element, welches alle Wellen verbindet und ihnen ihre einzigartige Form gibt. Wellen können ausgleichen, transportieren und auch zerstörerisch wirken. Erkennt man den Rhythmus und den Lauf der Wellen, dann kann man dies nutzen und auf ihnen reiten. Ignoriert man den natürlichen Flow der Wellen, so kann dies tödlich sein. Ein Leben mit dem Rhythmus der Natur führt zu großen Nutzen. Ein Leben ohne Kenntnis der Abläufe wird stets dem Untergang geweiht sein. Alles fließt ineinander und ist miteinander verwoben. Dies zeigt sich auch insbesondere in den Übergangszonen der Ozeane mit dem Festland. So sind auch beim Menschen die Zeiten des Übergangs von einer Stufe zur Anderen entscheidend für Erkenntnis und Entwicklung.

In den Meeren und Ozeanen dieser Welt sind Fülle und Reichtum. Ebenso wie in der freien Natur der Wälder Artenvielfalt und unendlicher Reichtum vorherrschen, so ist dies auch im Ozean. Ein Ozean im Gleichgewicht ist wie ein eigenes Universum voller Vielfalt, Harmonie und ausgleichendes Miteinander. In den Tiefen der Meere verbirgt sich Wissen und Weisheit. So wie die Luft auf dem Festland alles miteinander verbindet, so ist es das Wasser des Ozeans das alle Teile der Erde miteinander verbindet. So sind es auch die beiden wesentlichen Elemente, bestehend aus Luft und Wasser, welche die Grundlagen allen Lebens dieses Planeten bilden. Luft und Wasser verbinden sämtliche Teile dieses Planeten miteinander. Die Erde selbst ist das Gefäß. Während die Erde starr und nahezu unbeweglich als Grundlage für alles Leben dient, so spiegelt sich in Luft und Wasser der Austausch und die Bewegung des Lebens wieder. Sauberes Wasser, in dem die Harmonie der Natur als

Information gespeichert ist, bildet die Grundlage für ein gesundes Leben in Balance. Das Wasser des Ozeans nimmt die Harmonie und Balance des Umfeldes genauso auf, wie Luft der Träger von Information an Land ist. Die Balance der Weltmeere ist daher auch für den Menschen von grundlegender Bedeutung. Ist diese Balance gestört, überträgt sich dies auf das Wasser der Meere. Durch die Kraft der Sonnen wird dem Wasser Energie zugeführt und es entstehen durch den Prozess der Verdunstung Wolken über den Meeren. Diese enthalten die Informationen der Ordnung des Ozeans in sich. Durch Winde gelangen Wolken ans Festland. Der Regen übergibt diese Informationen der Ordnung an das Land. Die Flüsse der Erde als Adern des Landes geben diese Informationen an die Natur weiter. Auch das Wasser der Flüsse nimmt die Informationen des Umlandes auf und leitet diese ins Meer. So entsteht ein lebendiger Kreislauf des Austausches und der Abstimmung auf diesem Planeten. Der Mensch als bewusstes Wesen ist mitten drin und hat durch seinen freien Willen die Möglichkeit jederzeit einzugreifen. Die universellen Naturgesetze beachtend kann der Mensch auch selbst durch sein Bewusstsein das Wasser informieren. Der Mensch trägt daher ebenso wirkend zur Harmonie oder Dysbalance auf diesem Planeten bei. Gedanken der Harmonie und Liebe gehen in Resonanz mit Ordnung und Balance. Diese führen als Ergebnis zu Gesundheit und Bewegung. Gedanken der Angst führen stets zu Blockaden, Stillstand und den Tod. Die Bewegung ist wichtig für das Leben. So wie die Wellen des Ozeans Bewegung und Kraft ausstrahlen, strahlen auch Gedanken der Freude und Liebe die Kraft des Lebens aus. Leben ist Liebe und Bewegung. Das ist das Gesetz der Natur. So sind die Ozeane auch ein Spiegel für Bewusstsein. Schaut rein in den Spiegel und entdeckt was zu sehen ist. Die Natur und der Ozean helfen zu erkennen, was ist. Ebenso erholsam, wie ein Spaziergang in der freien Natur, ist ein erholsames Bad im offenen Meer. In den Meeren dieser Welt herrscht Ordnung und Balance. Ein Bad im salzigen Wasser des Meeres wirkt daher heilsam und ausgleichend. Die Tiere in den Weiten des Ozeanes sind in Freiheit und Balance, so wie auch das frei lebende Wild in den Wäldern. Viele Tiere der Meere sind der Ursprung der auf dem Land lebenden Tiere. Auch die Pflanzen der Meere haben eine enorme Heilkraft durch ihre innere ursprüngliche Ordnung. Das Leben im Ozean war das Erste, das sich auf dem Planeten Erde entwickelt hat. Aus diesen sind alle anderen Lebensformen hervorgegangen. Hier liegt der Ursprung allen Lebens und zugleich der Schlüssel für Heilung und Ausgleich. Schaut euch die Meere, deren Pflanzen und Tierwelt, genau an. Hier liegt das Wissen, wie auf einem riesigen Buffet präsent. Lernt wie ein harmonisches Miteinander funktionieren kann. Dies dient dem Wohle aller. So beeinflusst das Wasser der Weltmeere auch das Leben auf dem Lande. Alles ist miteinander verwoben und beeinflusst sich wechselseitig. Der Mensch spielt auch hier eine herausragende Rolle.

Wie genau diese aussieht, entscheidet jeder selbst. Der Unterstützung des Ozeans seit euch gewiss. Die Spielregeln liegen ausgebreitet wie ein offenes Buch vor dem Menschen. Lesen zu lernen und das Wissen anwendend kann Großes vollbracht werden. Leben ist Bewegung, wie auf dem Lande so auch im Meer. Alles was zum Leben, zur Bewegung beiträgt, hat Zukunft. Werden Lebensräume dezimiert oder die Artenvielfalt bedroht, führt dies in Richtung Tod und Untergang. Werden hingegen neue Räume geschaffen, durch Symbiose und der Anerkennung der universellen Gesetze, dann folgt dem der natürliche Flow des Lebens. Den Wellen des Ozeans gleich wird Materie bewegt und neues Leben geschaffen. Alles Leben dient der Entwicklung und Erfahrung. Bewusstes TUN führt zur Erkenntnis. Unbewusstes TUN führt in der heutigen Zeit größtenteils noch in den Untergang. Die Entwicklung hin zum bewussten TUN ist die große Aufgabe der Menschheit. Bewusstes Leben im Einklang mit den Gesetzen der Natur ist der Schlüssel zur nächsten Stufe der Evolution. Die Wesen des Ozeans und aller Gewässer unterstützen den suchenden Menschen dabei. Sei bereit für die spannende Reise von Entwicklung und Entfaltung.

Denkt an die Geschichte von Atlantis und zieht eure Schlüsse. Weise und mit Bedacht sollte jeder selbst für sich entscheiden, was zu tun ist als nächsten Schritt und was zu unterlassen ist, im unbewussten TUN. Das Streben der Menschen nach Erkenntnis und Wissen ist die Triebkraft. Wie die Strömungen der Meere, so hat auch der Mensch die Macht Materie kraftvoll zum Wohle der Natur zu bewegen. Mut und Flow gehen Hand in Hand in Richtung eines erfüllten Daseins.

Verletzungen der Erde und des Ozeans kehren zu jedem Menschen selbst zurück. Alles Wasser ist miteinander verbunden. Auch der Mensch selbst besteht zu einem Großteil aus Wasser. Verschmutzungen des Wassers im Ozean führen auch zur Verschmutzung des Wassers im Menschen. Somit ist der Mensch eingebunden in die verschiedenen Wechselwirkungen der Wasserkreisläufe auf unserem Planeten. Der Ozean ist ein Spiegel für den Menschen. So wie es im Ozean aussieht, so ist es auch im Innern der Menschen beschaffen. Die Vielfalt und der Reichtum des Ozeans ist zugleich in jedem Menschen vertreten. Wird die Vielfalt im Ozean reduziert, dann stirbt mit jeder Pflanze und jeder Tierart auch ein Teil der Vielfalt in den Menschen. Natur bedeutet Fülle in der Vielfalt. Begrenzungen und Vereinheitlichung sind künstlich geschaffene Strukturen der Menschen. Der Körper des Menschen besteht aus Materie und Wasser. So wie die Qualität des Ozeanes, so ist auch das Innere des Menschen beschaffen. Die feste Materie bildet die Hülle der Erde. Gleichermaßen sind die festen Bestandteile des menschlichen Körpers auch ein Abbild der Natur und des Lebensraumes in dem die Menschen leben. Im ländlichen Raum sind die Menschen eher noch naturbelassen. Je mehr künstliche Städte und Industrie sich entwickeln, je mehr ist auch der menschliche Körper beeinflusst von künstlichen Materialien, die sich im Körper der Menschen befinden. In einer künstlichen Umgebung werden auch die Menschen künstliche Nahrung zu sich nehmen und allerlei künstliche Stoffe und Hilfsmittel im Körper haben. Jeder sollte selbst prüfen, was passend ist und was eher nicht.

Klares Wasser ist wie die frische Luft auf dem Lande. Es ist die Grundlage allen Lebens in den Meeren, Flüssen und Grundwassergebieten dieses Planeten. Ebenso wie auf dem Land gibt es auch im Wasser Pflanzen und Lebewesen die das Wasser reinigen und sauber halten. In den Buchten und an den Küsten der Meere ist dies besonders wichtig, da hier eine Vielzahl von Lebewesen für Ausgleich sorgen. In den Tiefen der Meere gibt es, den Winden an Land vergleichbar, mächtige Strömungen. Diese sorgen für Ausgleich und Bewegung im Meer und sind deshalb für alles Leben ein wichtiger Bestandteil. So wie der Mensch saubere Luft zum Atmen braucht, so braucht der Mensch auch sauberes Wasser als Nahrungsgrundlage. Die Kreisläufe der Natur unterliegen alle den gleichen universellen Gesetzen. Auch der Mensch selbst ist ein eigener in sich geschlossener Kreislauf, in dem sich die Qualität des Umfeldes wiederspiegelt. Wasser ist eines der wichtigsten Bestandteile für die Gesundheit der Menschen. Die Grundlage für sauberes Wasser liegt im Ozean. Hier ist der Ursprung von klarem Wasser, welches durch eine Vielzahl von

Meeresbewohnern hervorgebracht wird. Nur durch das ausgewogene Zusammenspiel der verschiedenen Lebewesen ist dies möglich. Die Vielfalt der Arten an Pflanzen und Tieren im Wasser ist die Voraussetzung für diese Symbiose.

Alle sitzen im gleichen Boot, welches sich Planet Erde nennt. Die Erde ist einzigartig in unserem Sonnensystem und Wasser ist das grundlegende Element des Lebens auf der Erde. Die Verantwortung hierfür liegt bei allen bewusst lebenden Wesenheiten. Nur gemeinsam und zusammen können die Lebensgrundlagen erhalten bleiben. Die Meere dieses Planeten sind groß und voller Reichtümer. Es stimmt einen traurig, wie Unwissenheit die Grundlagen zerstören kann. Der Weg zu mehr Bewusstheit und Wissen ist bereits geebnet. Die Natur als Spiegel und Reflexionsfläche hilft den suchenden Menschen bei seinem Weg zu einem höheren Bewusstsein und Verständnis der Dinge. Mut und die innere Bereitschaft werden die Prüfungen sein, welche diejenigen Menschen erheben werden, die bereit sind für den nächsten Schritt der Evolution. Die Unterstützung der Naturwesen seit euch gewiss. Die Naturwesen sind die Hüter der Erde und des Ozeans. Schon sehr lange bevor sich der Mensch entwickelte, haben diese Naturwesen für Ausgleich und Balance gesorgt. Sie haben die Grundlagen geschaffen für die Vielfalt der Arten und sind auch heute noch aktiv. So wie jeder Baum und Strauch auf dem Lande seine Funktion im Netz des Lebens hat,

so hat auch jede Alge und Muschel auf dem Meeres-
grund eine wichtige Aufgabe zum Erhalt des Gleichgewichtes. Solange die Meere im Gleichgewicht sind,
solange können auch die Menschen im klaren Wasser
Ausgleich und Balance finden.

Eigene Gedanken und persönliche Anmerkungen

....

....

....

....

....

....

....

....

....

....

....

....

....

....

....

Der Weg des Glücks

Gemeinschaft und Gemeinsamkeit sind die Grundlagen in der Natur. In der Gemeinschaft erwächst die Kraft für Entwicklung und das Streben nach Vollendung. Glück ergibt sich durch eigenes Voranschreiten sowie die Unterstützung von Anderen. Ein Zustand des getragen Werdens fließt gleichzeitig ein in den eigenen Fluss des Lebens. So ist alles in der Natur miteinander verwoben. Eines bedingt das Andere. Eins alleine kann nicht ohne anderes Zutun existieren. In der Natur braucht es immer Unterstützer und Wegbegleiter. Die Verbundenheit in der Gemeinschaft aller Wesen der Natur ist die Kraft, welche das Leben am Leben hält und Neues entstehen lässt. Die Kraft in der Natur kommt aus der Summe des Zusammenwirkens vieler Teile. So sollte es auch für den Menschen ein Leichtes sein, das Glück in der Gemeinschaft zu erkennen. In der Natur braucht Eins das Andere. Das Wesen eines jeden Dinges in der Natur ist verschieden und hat doch seinen Sinn. Die Fülle und der Reichtum kommen durch das gemeinschaftliche Wirken vieler verschiedener Teile. Die Unterschiedlichkeit ist hierbei das Wesentliche. Geht her und schaut euch um in der Natur. Kein Stein gleicht dem anderen. Kein Baum ist gleich dem Anderen seiner Art. Hierdurch entsteht die Einheit in der Vielfalt. Der Wald besteht aus vielen verschiedenen Bäumen und erst dadurch wird dieser interessant für viele Lebewesen und Pflanzen. Eine wilde Wiese in der Natur ist erst reich durch die Vielfalt der unterschiedlichen Pflanzen. Dies bedingt eine bunte Vielzahl an Tieren und anderen Wesenheiten. Ein interessanter Weg des Glücks besteht aus vielen verschiedenen Stationen, welche allesamt miteinander verbunden sind. Nur aus der Vielfalt kann Neues entstehen und hervorgehen. Eine starke Gemeinschaft basierend auf Vielfalt und Reichtum ist die Grundlage für Entwicklung jeglicher Art.

Nur wenn jeder seiner Entsprechung folgend lebt, kann Entfaltung und Glück entstehen. Glück ist seiner Entsprechung zu folgen. Las einen Baum ein Baum sein. Lass eine Blume eine Blume sein. Ein Fels ist ein Fels, weil dieser aus festem Gestein besteht und somit vielen anderen Pflanzen und Tieren als Grundlage dient. Ein Fels bietet die feste Form, auf dessen Grundlage sich andere Wesen entfalten können. Auch ein Fels braucht die Anwesenheit von Anderen und wird von den Kräften der Natur geformt. In Verbindung mit den Pflanzen und Tieren entsteht somit eine einzigartige Symbiose, ein Lebensraum für Viele. Kein Tal gleicht dem anderen. Somit ist jedes Tal und jeder Platz auf dieser Erde einzigartig in seiner Form und Vielfalt. Der Reiz besteht auch hier in der Unterschiedlichkeit innerhalb der Gemeinschaft aller Beteiligten. Ein Berg, wie auch ein Tal bieten unterschiedlichen Lebewesen einen Raum zur Entfaltung. Ohne ein Berg würde es kein Tal geben und ohne ein Tal keinen Berg. Ist dies in Balance und alles an seinem Platz, dann kann sich jedes Ding und Lebewesen frei entfalten. Gemäß einer jeden Bestimmung sind alle Teile gleich wichtig. Jeder soll das Seine tun und somit beitragen zum großen Ganzen. Jeder hat seine Aufgabe und seinen Platz in der Natur. So entsteht die Vielfalt und durch diese der Reichtum und die Fülle des Seins. Auch jeder Mensch sollte gut bedenken, was ist seine Bestimmung und was ist sein Platz im großen Ganzen. Folge dem Ruf deiner Seele. So erhälst du Erkenntnis von deiner Bestimmung. Folgst du deiner Bestimmung, dann sei dir der Unterstützung der Natur und all seiner Wesen gewiss. So entsteht wahres Glück in der Gemeinschaft zum Wohle und Nutzen aller. Seid euch dessen bewusst wer ihr seid und handelt entsprechend eures Seins. Auch ein Baum kann nicht wachsen wie eine Blume. Genauso gut kann eine Blume nicht die Größe und Stärke eines Baumes erreichen. Eine Blume wirkt ebenso groß wie ein Baum auf einer anderen Ebene. Die Einzigartigkeit einer schönen Blume im Frühling kann den Raum zum Herzen öffnen. Die Wirkung ist gleich groß die eines Baumes, welcher die Stärke und Stabilität eines majestätischen Daseins symbolisiert. Ebenen können verschieden wirken, so wie auch der Mensch auf verschiedenen Ebenen des Seins existiert. Verbunden sind alle durch das gleiche Band des Lebens. Nur ein waches Bewusstsein wird dies erkennen. Bewusstsein ist in jedem und allen präsent. So ist alles durchdrungen vom gleichen Sein, auf den verborgenen Ebenen. Die Natur zeigt an die Präsenz eines Ortes, so wie auch das Äußere eines Menschen die Präsenz des Innern präsentiert. Eingebunden in die Natur und das Umfeld kann auch Heilung und Ausgleich geschehen. In den Bergen und Tälern der Natur sind die Kräfte des Seins gespeichert und wirken schon seit Jahrmillionen. Dies ist der Garant für Ausgleich und Balance. Alles was ist und jedes Lebewesen dieser Erde kann hier Heilung erfahren. So ist es und so war es schon seit Anbeginn der Zeit.

So wie der Wind unsichtbar und doch spürbar durch die Wälder streift, so ist es auch mit der Lebensenergie. Der Wind verbindet und teilt zugleich. Je nach Art und Notwendigkeit folgt auch der Wind den Gesetzen der Natur. Jeder Baum, jeder Strauch und alle Lebewesen dieser Erde brauchen den Wind, wie das Wasser. Jeder und alles hat seinen Platz im großen Ganzen. Die Wesen der Lüfte sind da, für Harmonie und Ausgleich. Die Kräfte die da wirken, können alle gleichermaßen spüren. Der Wind hebt den Adler in die Luft und versorgt die Pflanzen am Boden mit der Essenz, welche ge-braucht wird. All dies erfolgt mit Leichtigkeit. Der Wind folgt den Gesetzen des Universums und der Erde im Flow mit einer präsenten Leichtigkeit. Eine leichte Brise ist erfrischend, ein starker Wind treibt die Boote auf dem Meer und ein Orkan kann zerstörerisch wirken. All dies erfolgt im Einklang mit der Natur. Die Leichtigkeit des Windes sollte Inspiration und wirkende Präsenz zugleich sein. So wie der Wind die Luft verteilt, so geschieht dies auch mit der Energie des Lebens. Alles ist miteinander verbunden und der Wind ist die wirkende Kraft des Ausgleichs und der Balance. Ohne die Bewegung der Luft würde es Stillstand und kein Leben auf dieser Erde geben. Bewegung ist wichtig für das Leben und ist ein Kennzeichen für den Fluss der Energie. Daher bleibt in Bewegung und macht es dem Winde gleich. Einmal langsam und mit Bedacht, ein anderes Mal stürmisch wie ein Orkan. So entsteht Entwicklung durch die Bewegung. Die Natur bietet euch einen Spiegel, gleich einer Anleitung zum Leben. Verbindet euch mit dem Sein und spürt den Teil, der ihr seid im ganzen Sein.

Es ist so wie im Bett,
manchmal ganz nett.
Doch kann es nie so bleiben, wie es ist.
Leben entsteht durch Bewegung des Seins
im Einklang mit der Natur.
Ruhe und Rhythmus bestimmen alles Sein.
Im richtigen Verhältnis angewandt,
haltet ihr den Schlüssel in der Hand.
Es ist, als ob es kein Entrinnen gibt.
Nur derjenige kann erhalten, der auch gibt.

Es entsteht so der Rhythmus des Seins
im Geben und Nehmen.
Es gibt im unendlichen Streben
weder Deins noch Meins.

Das Leben ist ein Teil des Seins.
Es ist der sichtbare Ausdruck eines jeden Seins,
nicht des Scheins.
So ergibt sich die Bewegung des Lebens
als sichtbarer Teil des Seins.
So ist das Leben wie eine Hürde.
Am Anfang groß und unberechenbar,
scheinbar jedoch nur,
dem Unwissenden, der noch nicht kam
auf die richtige Spur.

So ergibt sich auch für jeden Menschen, jedes Tier,
jede Pflanze und jedes Mineral eine eigene dem Wesen
des Seins innere Bewegung. Das Leben wirkt in vielerlei
Gestalt und im unterschiedlichen Gewandt.
Nicht jedem ist dies gleich auf Anhieb bekannt.

Sei offen und frei,
dann bist auch du schon bald dabei.
Beim Spiel des auf und ab,
welches man Leben nennt.
So ist es schon lange gewesen
und so wird es auch zukünftig sein,
darum steige ein.

Wach auf und nimm selbst in die Hand,
was dir gegeben wurde vom Leben.
Lass strahlen dein Sein in deinem Tun und Handeln.
Lass zeigen die vielen Taten,
die dir gemäß deines inneren Seins geraten
zu erstrahlen in die Welt hinaus.
Bewegung ist die sichtbar gewordene Kraft des Lebens.
So sei du selbst,
denn nichts auf dieser Welt ist vergebens.

Lerne auf deinem Weg die Aufgaben,
die du dir hast selbst gestellt.
Erfülle dein Sein mit Bewegung und Leben.
So soll es sein, so sollst du streben.

Es entsteht die Fülle und Vielfalt in der Natur,
durch jegliches Streben,
den Fluss des Lebens auf der Spur.

Reichtum und Liebe werden gehen Hand in Hand
mit jedem Menschen, der verstand,
zu Leben im Fluss der Natur,
unter bewusster Anwendung
der universellen Gesetze auf der Spur.

Eigene Gedanken und persönliche Anmerkungen

....

....

....

....

....

....

....

....

....

....

....

....

....

....

....

Die Erde als Quelle der Energie

Die Energie der Erde ist der Ursprung allen Lebens. Auch der Mensch braucht diese Quelle des Seins für sein Leben. So ist die Erde zugleich Ursprung und Heilung für alle Wesen der Natur. Hier kann jeder, der offen ist für die lebendige Natur Erkenntnis und Heilung erfahren. Die Sonne spendet die Energie des Universums. Dies ist die Heilquelle der Planeten. So wird auch alles wiederum von der Sonne in unserem Sonnensystem beeinflusst. Sonne und Erde sind die Quelle von Lebensenergie. Alles was lebendig ist auf dieser Erde, einschließlich des Menschen, braucht diese Energie um zu leben. So achtet gut auf die Verbindung in euch zur Sonne und zur Erde als mächtige Quelle des Lebens und des Gleichgewichts. Verbindet euch mit allem was dieser Quelle inne ist. Alles basiert auf diesem Reichtum und ist abhängig von der Qualität der Lebensenergie. Auch die Nahrung, die die Menschen zu sich nehmen, sollte mit diesen Energien rein und lebendig sein. Tote Nahrung ist wie ein Stück Pappe, abgeschnitten von jeglicher Quelle. Lebendige Nahrung beflügelt und gibt die nötige Energie für das Leben. Drum achtet gut auf diese beiden Quellen, die Sonne und die Erde. Achtet auf die Energie in dem was ihr in Form von Nahrung zu euch nehmt. Die Nahrung kann beleben oder Stillstand erzeugen. Jeder entscheidet selbst was zu tun ist, richtig oder nicht, passend sollte es sein.

Jeder Fleck auf dieser Erde hat seine eigene Natur und Bestimmung. Nichts existiert unabhängig voneinander. „So wie im Großen, so im Kleinen" ist ein ewiges Gesetz der Natur. Alle Plätze dieser Erde sind gleichermaßen miteinander und mit der Natur der Erde verbunden. Nichts existiert ohne das Andere. Als Hüter des Platzes ist es meine Aufgabe für Ordnung und Ausgleich in diesem Teil der Natur zu sorgen. Wohlgleich ist es auch wichtig alles andere nicht zu vernachlässigen. So ist die Ordnung eines Platzes dieser Erde gleichwohl bedeutend für die gesamte Natur. Als Teil des Ganzen trägt jeder Platz dazu bei, die Natur der Erde im Gleichgewicht zu halten. Alles ist gleichwichtig für das Zusammenspiel der Elemente in Einheit und Ordnung, dem universellen Gesetz folgend. Achte jeden Platz, als wäre es die Gesamtheit und achtet die Gesamtheit, als wäre es euer eigenes zu Hause. Nur durch das Zusammenspiel aller Teile kann Fülle und Reichtum entstehen. Dazu braucht es Zeiten der Ruhe und des Werdens. In der Stille liegt die ganze Fülle der Natur, ebenso wie in jedem Moment die Zeit innehält. Nutze jeden Moment der Zeit, als wäre in diesem dein ganzes Leben.

Gräser bedecken die Erde, wie Haare Tier und Mensch. Gräser sind die Heimat vieler Tiere und Pflanzen. Gras dient der Stabilität der Erde. Wo Gras ist, da können sich die Fülle und der Reichtum der Erde entfalten. Erde und Pflanzen bilden eine Einheit. Durch dieses zusammen Sein dient Gras vielen kleineren Tieren als Schutz und

Grundlage der Existenz. Dies ist die Basis vieler Pflanzen und Tiere. So entsteht Leben aus der Erde. Achtet auf die Vielfalt einer Wiese. Durch das Zusammenwirken vielen Kräfte kann das saftige Grün der Gräser erblühen. Grün ist die Farbe der Heilung und Ordnung. So achtet auf eure grünen Wiesen. Zertrampeln und wegbaggern ist leicht. Aufbauen und entwickeln lassen, braucht Zeit und die Kraft der Natur. Nehmt an die heilende Wirkung einer grünen Wiese mit den vielen Kräutern und Pflanzen, die darauf gedeihen. Diese geben Kraft und Vitalität und sind zugleich die Basis der Nahrung, auch die des Menschen. Das was der Mensch zu sich nimmt, das wird den Menschen beeinflussen, in die eine oder andere Richtung. Achtet auf grüne saftige Wiesen. Dies ist die Basis der Nahrung Vieler. Schaut genau hin auf eure Wiesen, Wälder und Felder. Hier gibt es viel zu entdecken. Ein harmonisches Zusammenspiel vieler Lebewesen und Pflanzen auf kleinem Raum ist zu ersehen. So kann es sein, auch in vielen Bereichen der Menschenwelt. Die Natur bietet Anregungen in unendlicher Fülle und Kombinationen. Wenn ihr ruft in die Wiesen und Wälder, dann wird dieser Ruf nicht ungehört bleiben. Es sind da viele Wesen und Kräfte, die jeden unterstützen bei seiner eigenen Entwicklung. Schaut euch um und spürt die Kraft der Stille, die erschafft die Fülle in der Natur. Nehmt wahr den Rhythmus und die Bewegungen der wirkenden Gesetze. Schaut euch um und lernt den Lauf der Dinge zu folgen mit Leichtigkeit, und Glück wird sein eure Ernte. In der Erkenntnis wächst der Samen für Neues. So geht her und lauscht den Kräften der Natur, so wie sie sind und wie sie waren schon seit sehr langer Zeit. Ihr seid alle eingewoben in das Netz der Zeit. Verbunden durch die Erde selbst seid ihr mit allem was ist. So soll gehen jeder seinen Weg in Einklang mit der Natur und den universellen Gesetzen des Seins.

Aus der Einheit entstehen da Zwei und aus den Zwei entsteht da Eins. Das Neue ist neu und entsteht aus der Verbindung von altem. So entwickelt sich die Natur stetig weiter. Es herrscht ein steter Wandel. Grundlage hierfür ist alles bereits Vergangene, das hatte seine Zeit. So wie bei den Menschen ist es auch in anderen Bereichen dieser Erde. Ein stetiger Wandel folgt in Rhythmen, den natürlichen Gesetzen der Natur. Jeder Zyklus ist etwas anderes, jedoch gleich von der Art des Rhythmus. Alles folgt den gleichen universellen Gesetzen. Jeder sollte kennen den eigene Zyklus und die Rhythmik der Natur. Nur so kann die Energie fließen in die vorbestimmte Richtung. Alles was ist, folgt dem Rhythmus der Natur. So wie der Wind die verschiedenen Luftschichten vermischt, so vermischen die verschiedenen Rhythmen des Lebens das Leben selbst zu einem großen Ganzen. Neues kann nur entstehen auf Basis von etwas Altem. So ist es dem Gesetze nach, von Ursache und Wirkung. Jeder Mensch tut gut daran, sich dieses Wirken zu eigen zu machen. Verständnis folgt dem offenen Ohr. Hört und fühlt den Rhythmus der Natur. Ein offenes Herz kann hören und sehen wie die Devas (höhere Wesenheiten) der Natur. Auch hier verbirgt sich Weisheit im Wissen in Hülle und Fülle. Die Wesen der Natur sind da und warten auf das offene Herz, welches nach Wissen und Erkenntnis durstet. Die Natur hat viel zu geben. Ist sie doch die Grundlage allen Lebens auf dieser Erde. Alle haben Teil an der Schönheit und Vielfalt mit der sich die Natur entfalten kann. Nur durch das Zusammenspiel vieler verschiedener Dinge kann wirklich Neues hervorgehen. Die Vielfalt ist dabei der Garant für Reichtum. Es sind da unendliche Möglichkeiten an Kombinationen. So ist es auf der Erde, wie im gesamten Universum.

Entwicklung folgt einem bestimmten Rhythmus. Vom Niederen zum Höheren ist hier die Regel der Natur. Drum sollte auch der Mensch streben vom Niederen zum Höheren, damit Entwicklung stattfinden kann. Ist eine Stufe erreicht, folgt die Nächste. Immer Eins nach dem Anderen. Nicht Sprung um Sprung, sondern Schritt für Schritt ist der Weg zu gehen. Verweile im Augenblick, denn dieser enthält gleichzeitig den Ansatz für den nächsten Schritt in sich. Tempo ist dabei nicht die entscheidende Größe. Qualität und Kraft sind die Gradmesser, mit denen Entwicklung gemessen wird. Das Tempo entwickelt sich von selbst. So achtet auf die innere Kraft in euch. Dies ist der Ansatz zum nächsten Schritt der Entwicklung. Es sollte auch jemand an eurer Seite sein, der euch begleitet auf euren Weg. Auch wenn jeder gehen muss seinen eigenen Weg selbst, so hilft

Gemeinschaft doch diesen zu gehen und sich auszutauschen auf den einzelnen Plateaus der Entwicklung. Alles ist miteinander verbunden und so hilft jeder jedem auf seine Art. Auch hierfür ist Vielfalt nötig. So kann geholfene werden auf vielerlei Weise. Jeder hat die Chance, zu verstehen die Gesetze der Natur. In der Fülle der Vielfalt liegt der Schlüssel zum Reichtum. Hier kann jeder sein eigenes Glück finden. So sorgen Viele für Einen und Einer für Viele. Verwoben sind die Schicksale aller auf höheren Ebenen des Seins. So erkennt im anderen euch selbst. Wenn ihr das verstanden habt, dann ist Weisheit der Lohn und euer Glück zugleich.

Ein sicheres zu Hause im Schutz der Gemeinschaft braucht jedes Wesen dieser Erde. Die Natur hat viel zu bieten, ist sie doch das zu Hause aller Lebewesen dieser Erde. Die Erde bietet den Rahmen des zu Hause und die Natur schmückt diesen Rahmen mit der Fülle und Vielfalt. Hierbei kann jeder sich einbringen, je nach seinem eigenen Sein. So entsteht die Gemeinschaft im EinsSein, welche schützt und nährt zugleich. So wie die Natur sich entwickelt hat über Jahrmillionen, so haben auch der Mensch und alle anderen derzeit auf dieser Erde lebenden Wesen sich entwickelt im Laufe der Zeit. Allen ist eins gemeinsam, die Erde als zu Hause. Der Planet in diesem Sonnensystem, welcher Leben, so wie die Menschen es kennen, hervorbringt. Die Erde ist einzigartig, so wie auch jedes Lebewesen, jeder Mensch und jede Pflanze einzigartig ist im ganzen Universum. Die Erde selbst ist jedoch nicht nur ein zu Hause, sondern ist selbst eingebunden in eine Gemeinschaft von Planeten. Das zu Hause der Planeten ist das Sonnensystem mit der Sonne als nährende und schützende Quelle. Auch Planeten sind Wesen uralter Zeit. Wo Bewegung ist, da ist auch Leben. So dreht sich eins ums andere im ewigen Kreislauf der Zeit. Der Planet Erde ist ebenso wie der Mensch ein Lebewesen, jedoch auf einer anderen Ebene. Die Erde lebt und gibt vielen ein zu Hause, so wie auch der Mensch lebt und vielen ein zu Hause gibt. So denkt an die vielen Zellen, Bakterien und kleinsten Lebewesen im Inneren eures Körpers. Alles lebt und ist miteinander verbunden. Stirbt der Mensch, so hat dies auch Auswirkungen auf dessen im Innern lebenden Wesen. So achtet gut auf Innen und Außen. Dies ist die Grundlage von Geben und Nehmen. Hier entscheidet sich Leben und Tod. Seid achtsam mit allem was ist, in euch und außerhalb von euch. Wie Innen so Außen, ist eines der universellen Gesetze des Universums. Pflegt die Erde, als sei es euer eigener Körper und die Erde wird euch viel geben. So entsteht aus der Balance, Freude und Glück. Gesundheit aller ist das Resultat. Im Universum gibt es da vielerlei Kräfte und Energien. Alle wirken ähnlich ein auf das Gleichgewicht.

Die Körper bestehen alle aus dem gleichen Material des Sonnensystems. So geht der Körper des Menschen hervor aus den Elementen der Erde und die Elemente der Erde gehen hervor aus den Elementen in diesem Sonnensystem. Erkenne den Zusammenhang, dann kannst du sehen hinter die Schleier der Unbewusstheit. So sollen Freude und Glück jeden Weg begleiten. Sei achtsam und lerne aus den Dingen der Natur.

Die Naturgesetze wirken in allem was ist, neutral und ohne Wertung. Die Einteilung von gut und schlecht, von richtig oder falsch, dass ist die Eigenheit des Menschen. Aus Bewertung folgt Trennung. Aus Annehmen folgt Gemeinschaft. Der zweite Weg des Annehmens findet sich in der Natur der Dinge. Alles was in der freien Natur lebt und sich bewegt, folgt dem Gesetz des Annehmens und damit der bedingungslosen Liebe. So wie auch ein Baby zu Beginn des Lebens in bedingungsloser Liebe dem Leben Vertrauen entgegenbringt, so wirkt die Natur jederzeit annehmend und lebensbejahend. Wo Leben ist, da ist auch das Element des Feuers wirkend. Der Funke Gottes wohnt jedem Lebewesen inne und sorgt so für Energie und Bewegung im Leben eines jeden. Die Kraft und die Stärke entspringen bei allen der gleichen Quelle. Diese Kraft kann geformt werden durch das Bewusstsein, welches jedes Lebewesen am Leben hält. Das Feuer des Lebens ist allgegenwärtig und zeigt sich in vielerlei Gestalt. Es kann zerstören und trennen oder aufbauen und verbinden. Der freie Wille des Menschen, recht genutzt, kann das Feuer des Lebens lenken und leiten. So ist Entwicklung möglich. Nur den bewussten Willen folgend kann der Mensch selbst anleiten und nutzen die Elemente der Natur. So hinterlässt Bewusstsein seine Spur. Ob bewusst oder unbewusst, die Elemente der Natur folgen den universellen Gesetzen immerfort. Jeder kann sehen die Wirkungen nach einiger Zeit und selbst entscheiden, ob es passend ist und bleibt. Über die Wirkung im Außen kann jeder erkennen die Qualität hinter der wirkenden Kraft. Das Feuer des Lebens leuchtet neutral und beständig. Wie dies nun genutzt wird im Leben eines jeden, ist die Entscheidung eines jeden selbst. Die Kräfte der Natur sind da um zu erschaffen und hinterlassen immer wieder eine neue Spur. Es ist schön anzuschauen des Bewusstseins Natur. Auf einer höheren Ebene wird sich alles wieder treffen und es wird Neues entstehen aus den Erfahrungen des Lebens. Achte und ehre den Ursprung der Natur, denn dies ist die Spur. Aus dieser ist jedes Lebewesen hervorgegangen im Laufe der Zeit. Sei bereit, wenn die Zeit ist gekommen, um Entwicklung zu wandeln mit dem Feuer des Lebens, so wie es jedem wurde gegeben.

So wie jedes Lebewesen auf dieser Erde eine spezielle Aufgabe hat, so tragen auch all die Pflanzen zu einem schönen und guten Gelingen bei. Auch Blumen sind dabei ein wichtiger Teil. Einige kann Mensch und Tier essen. Der Hauptgrund der Existenz besteht jedoch in etwas anderem. Blumen binden und verströmen die Energie des Umfeldes. Blumen bestechen durch ihre Form und vor allem durch ihre bunte Vielfalt an Farben.

Hinter jeder Farbe steht die spezielle Energie eines Strahles des Lichtes. Blumen verbreiten Freude und Harmonie. Farben dienen als Orientierung. Eine Umgebung mit Blumen wird mit der Energie des dahinter wirkenden Lichtes aufgeladen. Eine Blume kann öffnen das Herz und verringern das Leid des EGO's. So wirken die allermeisten Blumen, auch wenn diese vordergründig keinen konkreten Wert für die materielle Welt der Menschen haben, doch sehr stark auf einer anderen Ebene. Dies zu erkennen gelingt nur dem, der bereit ist zu sehen und den Willen zur Erkenntnis in sich trägt. Die Gesamtheit aller Blumen symbolisiert den bunten Strauß der Energien, welche hierdurch wirken können. Blumen brauchen Sonne, um die Energie des Lichtes zu wandeln und an die Umgebung weiter zugeben. Da auch in jedem Menschen ein Teil der Pflanzen und Blumen verankert ist, kann auch der Mensch dies für sich nutzen. Die Natur zeigt die Möglichkeiten auf, welche es gibt auf dieser Erde. Schaut euch um und nehmt wahr, was hinter den Dingen wirkt und geht in Resonanz mit jedem. Ein Bild sagt mehr als tausend Worte. Die Wirkung von Blumen geht oft darüber hinaus.

Ein schöner Garten mit Blumen, Gräsern und Bäumen ist die Quelle für Inspiration. Die Vielzahl der Blüten und Farben von Blumen ist es, was die Gedanken fließen lässt. Bei der Betrachtung einer schönen Blume scheint die Zeit still zu stehen. So kommt der Geist zur Ruhe und verweilt im Hier und Jetzt. Jeder Mensch kann dies nutzen für Innenschau und Inspiration. Die Blumen eines schönen Gartens lassen das Herz erblühen. So kann ein jeder gelangen in die Mitte seines Herzens, schon allein durch die Betrachtung einer schönen Blume, in der Stille, eingebettet an einen Ort der Ruhe und des sprudelnden Lebens zugleich. Die Gärten der Erde sind der Ruhepol, eingebettet in die schöne und farbenfrohe Vielfalt der Blumen. So heißt es auch, dass eine Blume die Macht hat, das Herz des Menschen zu öffnen. Die Schwingung von Blumen ist höher und kann daher auch inspirieren das höhere Bewusstsein. Die Öffnung des Herzens ist dann leicht und die Freiheit der Gedanken der Lohn. Eine Umgebung in der die Schönheit der Blumen ihre Kraft entfalten kann, ist höher in der Energie. So entsteht ein Fluss, der Kreativität und Inspiration erweckt. Freude und Klarheit sind das lohnende Ziel. Blumen sind daher wichtig für die Entwicklung. Sie symbolisieren die Vielfalt und Schönheit des Lebens. Wer sich umgibt mit diesen Energien, der wird erhoben durch die Resonanz der Pflanzen. So achtet gut, was euch umgibt. Der Mensch kann sein Umfeld prägen und selbst entscheiden, was im Umfeld wächst und gedeiht. Die Macht das Umfeld zu prägen ist jedem Menschen inne. So kann jeder selbst entscheiden, was gedeiht um den Menschen herum und damit in ihm selbst. Blumen wachsen an jedem Ort, der bereit ist für die Energien und Schwingungen der ver-schiedenen Farben und Formen. So bereitet ein Umfeld der Freude und Blumen werden euren Weg zieren. So wird das Leben bunt im Innern wie im Außen. Vertraut der Natur und eurem Herzen. Alles wird erschaffen aus sich selbst heraus. So ist der Samen der Schöpfung enthalten in allem was ist. Die Form bringt hervor, die Verbindung aus Samen und Umfeld. Das Umfeld ist prägend für die Saat. Ist das Umfeld bereit für die Schönheit der Blumen, so werden sich zeigen die verschiedenen Formen und Farben, die wiederspiegeln die Energien des Feldes. Achtet auf eure Gedanken und die Energien, welche euch zu eigen sind. Durch die Macht des Willens kann jeder Mensch beeinflussen, was Innen ist und was ins Außen wirkt. Schaut euch um in der Natur und in euren Gärten. Lasst durch Blumen Inspiration und Freude in euch erblühen, so wie die Blüten einer schönen Blume den Tag begrüßen. Es ist Zeit zu erkunden die Verbindungen des Seins. Die Wesen der Natur werden euch führen und leiten, sofern die Menschen dies wünschen. So oder so, alles ist verbunden im ewigen Licht, in dem sich wiederspiegeln die Farben und Formen des lebendigen Seins.

Farbe, Form und Duft sind das Wesen der Blumen im sichtbaren Schein der Welt. Schwingung, Energie und der Fluss der Energie sind die verborgenen Ebenen, dessen Wirkungen spürbar sind. Nur im Gleichgewicht der Elemente kann eine schöne Blume gedeihen und ihre Schönheit entfalten. Sind alle Bereiche in Balance, dann entsteht die Form und der Samen des Seins kann sich in voller Pracht entfalten. So gibt jede blühende Blume den harmonischen Fluss der Energien in Form von Freude an das Umfeld weiter. So entsteht die Grundlage für Inspiration und Freiheit der Gedanken. Umgebt euch mit der Schönheit der Blumen und werdet frei im Geist. Lasst die Energie eures Herzens fließen, durchs Leben der Zeit.

Eigene Gedanken und persönliche Anmerkungen

....

....

....

....

....

....

....

....

....

....

....

....

....

....

Die Weisheit der Natur

Jetzt ist die Zeit zum Handeln. Jetzt ist der richtige Zeitpunkt eine Entscheidung zu treffen. Jetzt ist es an der Zeit zu Vertrauen. Im Hier und Jetzt findet das Leben statt. Vergangenheit und Zukunft sind nur Ausprägungen ein und derselben Sache. Lebe im Hier und Jetzt, so wie jedes Tier und jede Pflanze und jedes Lebewesen auf der Erde sowie im gesamten Universum. Jetzt und hier findet Leben statt. Leben ist Bewegung. Die Bewegung der Gezeiten erfolgt in jedem Augenblick. So besteht das Leben aus einer Anreihung von Augenblicken. Hier ist der Augenblick das Entscheidende. Ob nun Wesen der höheren, mittleren oder auch niederen Ebenen, alle sind präsent zu gleich in diesem Augenblick des Seins. Erhebe dich empor und sieh aus einer höheren Sicht die Verbindungen des Seins und den Fluss der Zeit in allem was ist. Verbinde dich mit deinem niederen Körper und spüre die feste Materie des Seins, die Energien, die da sind manifestiert im festen Ausdruck des Seins. Sei du selbst in der Mitte und breite dich aus nach allen Seiten. So erfährst du das Sein auf allen Ebenen zu gleich in einem Augenblick. Dies ist Erleuchtung im Sinne des menschlichen Daseins. Hast du erlebt einen Augenblick des Seins in all seinen Facetten, so kannst du erkennen das große Ganze. So erkenne an, alles was ist, als Ausdruck des Seins in diesem Augenblick. Verbinde dich zurück mit dem Ursprung allen Seins, so wirst du erkennen die Verbindungen der Zeit. So gehe den Weg ins Innere. Dort wirst du finden den Ort, der dir den Blick öffnet für die Erkenntnis der Dinge. Sei ruhig und gelassen. Folge dem Fluss der Natur. Sei innerlich ruhig und lasse dich nicht ablenken von den äußeren Dingen, welche da sind die Wirkungen der inneren Welten. Sieh ins Außen und du wirst erkennen ein Teil des Seins. Du wirst erkennen den Lauf der Zeit im Außen, der da eingeteilt ist in Vergangenheit, Gegenwart und Zukunft. Willst du erkennen die Gesamtheit des Seins, so ist zu gehen an den Ort, aus dem entsteht alles was sich im Außen spiegelt. Der Ort ist innen, nicht außen. Alles was ist, entsteht von innen nach außen. So erkunde die innere Welt zuerst, so wirst du erkennen dessen Wirkung im Außen. Sei du selbst. Sei der Kern deiner Seele. So wie aus einem Samenkorn eine Pflanze entsteht, so entspringt alles der inneren Kraft des Seins. Sei beständig im Lernen. Erkenne die inneren Welten. Erkenne die Verbindungen der Dinge, welche verwoben sind mit Raum und Zeit. Lerne zu erkennen die wirkenden Gesetze der Natur, welche präsent sind in jedem Augenblick. Hast du gefunden deinen inneren Kern und hast du erkannt die Verbindungen mit allem was ist, in Raum und Zeit, und darüber hinaus, dann nehme an dein Potential als Schöpfer und erschaffe was dir gemäß gegeben wurde. Schöpfe aus deinem Innern die Kraft die erschafft. Nutze den Augenblick des Seins zu leben dein Leben, wie es dir wurde gegeben. Lebe und erschaffe von Innen nach Außen. Sei der, der du bist. Freude und Glück werden schmücken deinen

Raum. Licht und Kraft werden strahlen durch deinen Körper. Klarheit und Weisheit werden leuchten durch deinen Geist. So sei es. So sei der Schöpfer deiner Welt. Jeder Änderung im Außen geht eine Änderung im Innern voraus. Vom Innern nach Außen ist der Schlüssel zur Wandlung. Sei bereit für den Augenblick, in dem aus dem Innern das Außen wird. Achte und ehre die Gesetze der Natur und du wirst erfolgreich sein auf deiner Spur.

Die Botschaft lautet: „ S e i   D u   S e l b s t. "

Eigene Gedanken und persönliche Anmerkungen

Wer bist du?

....

....

....

....

....

....

....

....

....

....

....

....

....

....

....

Eigene Gedanken und persönliche Anmerkungen

....

....

....

....

....

....

....

....

....

....

....

....

....

....

....

....

Eigene Gedanken und persönliche Anmerkungen

....

....

....

....

....

....

....

....

....

....

....

....

....

....

Ausblick

Nehmen wir uns die Natur zum Vorbild, dann erkennen wir sehr schnell, dass Liebe und Vertrauen Hand in Hand gehen. Ohne Vertrauen würde keine Pflanze wachsen, kein Tier geboren werden und kein Mensch existieren können. Durch Vertrauen wird die Basis für die Vielfalt der Natur erschaffen. Unendliches Wachstum mündet in der Fülle und dem Reichtum der Natur. Zyklen des Werdens und Vergehens begleiten diese Prozesse. Alles ist miteinander verbunden und hat seinen Platz und seine Aufgabe in der Gesamtheit des Seins. So hast auch du deinen Platz im Leben. Du bist jederzeit mit der Natur und allen Lebewesen auf dieser Erde verbunden und hast dadurch eine wichtige Funktion im Zusammenspiel der Elemente. Deine Einzigartigkeit macht dich zu etwas Besonderen als Teil der Gemeinschaft. Nimm deinen Raum ein und nutze deine dir gegebenen Talente bewusst in deinem Leben.

Wir leben aktuell in einer sich sehr schnell wandelnden Zeit. Alte überholte Dinge funktionieren nicht mehr so wie früher. Änderungsprozesse beschleunigen sich und die Komplexität nimmt scheinbar exponentiell zu. Möchte man hierbei den Überblick behalten und bewusst Einfluss nehmen, dann ist die Entwicklung hin zu einem höheren Bewusstsein ein unausweichlicher Schritt. Ein höheres Bewusstsein im Einklang mit der Natur bringt Klarheit, erweitert die Möglichkeiten und kann somit durch konsequent angemessenes Handeln zur Stärkung der eigenen Position beitragen. Mit dieser Präsenz geht jedoch immer auch die Übernahme von Verantwortung für sich selbst sowie auch für das Umfeld einher.

In den folgenden Bänden der Buchreihe „Reconnected" werden die Botschaften der Naturwesen mit modernen wissenschaftlichen Erkenntnissen aus dem Bereich der Bewusstseinsforschung und spirituellen Themenfeldern zu einem Gesamtbild vereint und zu lebendigen inneren Wissen miteinander verknüpft. Du erhälst hierdurch die Möglichkeit universell wirkende Gesetzmäßigkeiten aus verschiedenen Blickwinkeln zu betrachten und auf dein eigenes persönliches Leben passgenau anzuwenden. Es werden Wege aufgezeigt mit denen alte überholte Dinge gewandelt und die dadurch entstehenden Frei-räume bewusst in einem wertschätzenden lebensbeja-henden Umfeld genutzt werden können.

Eigene Gedanken und persönliche Anmerkungen

....

....

....

....

....

....

....

....

....

....

....

....

....

....

....

Danksagung

Ich möchte mich an dieser Stelle bei all meinen Lehrmeistern und Ausbildern für das in mir gesetzte Vertrauen und die Geduld in den vielen Übungsstunden bedanken. Insbesondere bedanke ich mich bei meiner Lebenspartnerin Margit für den liebevollen Rückhalt.

Vielen Dank an dieser Stelle auch an meinem Vater, der mir beigebracht hat, dass das Wissen was man erlangt hat wichtiger ist als eine Schulnote. Durch ihn habe ich gelernt den Dingen auf den Grund zu gehen und das Wesentliche zu sehen. Besonderer Dank gilt gleichermaßen meiner Mutter, die immer für mich da war, wenn ich sie gebraucht habe.

Ich möchte an dieser Stelle auch einen liebevollen Gruß an alle Naturwesen und Wesenheiten der verschiedenen Seins-Ebenen senden, welche mich gelehrt haben, dass alles miteinander verwoben ist und jede Handlung eine entsprechende Wirkung hervorruft, dass Vertrauen und Liebe das Band der Verbindung ist und dass es nicht darauf ankommt, was man besitzt, sondern wie man sein Potential nutzt.

Über den Autor

Renato Psyk beschäftigt sich seit mehr als zwei Jahrzehnten mit den Themen zur Bewusstseinsentwicklung. Nach einer klassischen Berufsausbildung zum Mechaniker und dem Studium der Wirtschaftsinformatik war er als Softwareentwickler und mehrere Jahre als leitender Angestellter in mittelständischen Unternehmen der IT und Consulting Branche tätig. Er arbeitete zudem sechs Jahre lang im Vertrieb für das Firmenkundengeschäft bei einem Versicherungskonzern. Neben seiner beruflichen Tätigkeit engagierte er sich in sozialen Projekten und war als Kampfsportler und Trainer aktiv. In diesem Zusammenhang beschäftigte er sich intensiv mit den Themen Gesundheit, Psychologie, Erfolgsmanagement, energetische Techniken, Meditation, Spiritualität sowie Methoden zur Bewusstseinsentwicklung. 2010 gründete er sein eigenes Beratungsunternehmen und ist seitdem als Berater, Coach und Bewusstseinstrainer aktiv. Aufbauend auf diesen persönlichen Erfahrungen entwickelte er vor einigen Jahren das QBBT-Bewusstseinstraining.

Über tredition

EIN EIGENES BUCH VERÖFFENTLICHEN

tredition wurde 2006 in Hamburg gegründet. Seitdem hat tredition mehrere tausend Buchtitel veröffentlicht. Autoren veröffentlichen in wenigen leichten Schritten gedruckte Bücher, e-Books und audio-Books. tredition hat das Ziel, die beste und fairste Veröffentlichungsmöglichkeit für Autoren zu bieten.

tredition wurde mit der Erkenntnis gegründet, dass nur etwa jedes 200. bei Verlagen eingereichte Manuskript veröffentlicht wird. Dabei hat jedes Buch seinen Markt, also seine Leser. tredition sorgt dafür, dass für jedes Buch die Leserschaft auch erreicht wird.

Im einzigartigen Literatur-Netzwerk von tredition bieten zahlreiche Literatur-Partner (das sind Lektoren, Übersetzer, Hörbuchsprecher und Illustratoren) ihre Dienstleistung an, um Manuskripte zu verbessern oder die Vielfalt zu erhöhen. Autoren vereinbaren direkt mit den Literatur-Partnern die Konditionen ihrer Zusammenarbeit und partizipieren gemeinsam am Erfolg des Buches.

Das gesamte Verlagsprogramm von tredition ist bei allen stationären Buchhandlungen und Online-Buchhändlern wie z. B. Amazon erhältlich. e-Books stehen bei den führenden Online-Portalen (z. B. iBookstore von Apple oder Kindle von Amazon) zum Verkauf.

Jetzt ein Buch veröffentlichen: **www.tredition.de**

EINE BUCHREIHE ODER VERLAG GRÜNDEN

Seit 2009 bietet tredition sein Verlagskonzept auch als sogenanntes "White-Label" an. Das bedeutet, dass andere Personen oder Institutionen risikofrei und unkompliziert selbst zum Herausgeber von Büchern und Buchreihen unter eigener Marke werden können. tredition übernimmt dabei das komplette Herstellungs- und Distributionsrisiko.

Zahlreiche Zeitschriften-, Zeitungs- und Buchverlage, Universitäten, Forschungseinrichtungen, u.v.m. nutzen diese Dienstleistung von tredition, um unter eigener Marke ohne Risiko Bücher zu verlegen.

Alle Informationen im Internet: **www.tredition.de/Buchverlage**

tredition wurde mit mehreren Innovationspreisen ausgezeichnet, u. a. Webfuture Award und Innovationspreis der Buch-Digitale.

tredition ist Mitglied im Börsenverein des Deutschen Buchhandels.

Zeitfracht Medien GmbH
Ferdinand-Jühlke-Straße 7
99095 Erfurt, Deutschland
produktsicherheit@kolibri360.de